THÈSE
POUR LE DOCTORAT,

PRÉSENTÉE

PAR

JOSEPH-ÉMILE CARESME,

LICENCIÉ ÈS LETTRES,

AVOCAT A LA COUR IMPÉRIALE.

PARIS.

IMPRIMÉ PAR E. THUNOT ET Cⁱᵉ,

RUE RACINE, 26, PRÈS DE L'ODÉON.

1854

THÈSE
POUR LE DOCTORAT.

L'ACTE PUBLIC SUR LES MATIÈRES SUIVANTES SERA SOUTENU

le mercredi 29 mars 1854, à 9 heures et demie,

PAR

JOSEPH-ÉMILE CARESME,

Licencié ès lettres,

Avocat à la Cour impériale.

PRÉSIDENT : M. MACHELARD, *professeur*.

SUFFRAGANTS :
MM. PELLAT,
· BUGNET,
} *professeurs*.
DURANTON,
DEMANGEAT,
} *suppléants*.

Le candidat répondra en outre aux questions qui lui seront faites sur les autres matières de l'enseignement.

PARIS.

IMPRIMÉ PAR E. THUNOT ET Cⁱᵉ,

RUE RACINE, 26, PRÈS DE L'ODÉON.

1854

A MON PÈRE ET A MA MÈRE,

HOMMAGE DE MA RECONNAISSANCE.

A MONSIEUR GASTON ROBERT,

INTENDANT MILITAIRE, COMMANDEUR DE LA LÉGION D'HONNEUR,

HOMMAGE DE RESPECTUEUX ATTACHEMENT.

THÉORIE

DE LA

DIVISIBILITÉ ET DE L'INDIVISIBILITÉ

DES OBLIGATIONS.

Nomina inter heredes ercta cita sunto.
(Lex duodec. tab., t. 5, et art. 1220 du Cod. Nap.)

CHAPITRE PRÉLIMINAIRE.

1. Nous allons essayer, dans les pages qui suivent, d'exposer à l'aide des textes, et le plus clairement possible, la théorie de la divisibilité et de l'indivisibilité des obligations, soit en droit romain, soit en droit français.

Cette théorie a été de tout temps l'effroi des juristes, et Dumoulin, qui surtout s'en occupa, disait : « *Non fuit, nec adhuc est in universo juris oceano turbulentius, profundius et periculosius pelagus hoc dividuorum et individuorum tractatu, adeo ut etiam præcipuis juris doctoribus impermeabilis unda et inextricabilis error, et visus et judicatus est* (1). » Peut-être, toutefois, cette matière paraîtrait-elle

---

(1) Dumoulin , *Extricatio labyrinthi dividui et individui*, princip.

moins obscure, et serait mieux comprise aujourd'hui, si les commentateurs s'en tenant à l'explication exacte des textes, n'y avaient pas mêlé tant de questions étrangères et d'opinions systématiques.

§ 1. — EXPOSITION HISTORIQUE DU SUJET.

2. A l'origine des sociétés, sous l'empire du droit symbolique et formaliste, on dut avant tout rechercher l'accomplissement plein et entier de ce qui avait été contracté à l'aide des formes solennelles. L'obligation solennellement contractée fut donc toujours indivisible, de sorte que les personnes à cette époque n'étant comptées pour rien, le nombre des contractants importait peu, et l'exécution du contrat étant requise avant tout, un seul créancier put l'exiger d'un seul débiteur.

3. Tel dut être le droit primitif des Romains; mais il ne se maintint pas. La loi des Douze Tables tendant à affranchir les contrats de certaines rigueurs et à assurer un plus grand rôle à la personnalité humaine, s'efforça de n'y comprendre que ce qui y avait trait, c'est-à-dire les paroles; et, avec la ruine du vieux formalisme, l'indivisibilité dans l'exécution du droit, dut perdre de son importance.

4. Les conventions furent suffisamment constituées dès lors par le moyen de paroles, et comme les personnes qui succédaient aux contractants n'avaient rien dit dans le contrat passé par leur auteur, elles ne furent pas obligées de la même façon que lui : on déclara que les dettes et créances se divisaient entre les héritiers. « *Nomina inter heredes ercta cita sunto* (1). »

5. On avait exigé d'abord dans les obligations verbales des termes solennels; plus tard cette solennité dans les paroles

---

(1) *Loi des Douze Tables*, t. V. — L. 25. 13 *Fam. ercisc.* — L. 1 au Code, *Si unus ex plur. hered.*

devint moins grande, et on alla jusqu'à décider que le simple consentement quoique non verbal, suffisait à la validité du contrat. Toutefois la stipulation resta longtemps comme forme exclusive des conventions, de telle sorte qu'en droit romain, beaucoup de dispositions émises pour les stipulations doivent être étendues à tous les contrats en général.

Ainsi, les formules qui avaient remplacé les symboles, de-venaient de moins en moins fréquentes, et on se rattachait de plus en plus à l'intention des parties. De même aussi que l'af-franchissement des symboles avait commencé à diminuer cette charge imposée à chaque débiteur de payer le total de la dette, et cet avantage conféré à chaque créancier, de pouvoir pour son compte exiger le payement du total, de même on vit ce droit primitif complétement disparaître, quand les formules ne dominèrent plus exclusivement. Alors ce ne fu-rent plus seulement les personnes étrangères à la prononcia-tion de la formule qu'on voulut exempter des effets rigoureux qui y étaient d'abord attachés, ce furent aussi les personnes qui avaient prononcé ces formules qu'on chercha à en prému-nir. La loi des Douze Tables n'avait songé qu'aux héritiers des contractants, on songea plus tard aux contractants eux-mêmes. On chercha dès lors leur intention sous les paroles qu'ils prononçaient ; on se préoccupa du but qu'ils avaient en vue et du résultat qu'ils voulaient atteindre. Or quand il y a plusieurs créanciers et plusieurs débiteurs, le résultat définitif que l'on se propose, c'est que chacun ait une part égale à celle des autres dans le profit à acquérir et dans la charge à sup-porter. On décida donc en principe, par suite de cette consi-dération, que les obligations devaient se diviser en autant de parties qu'il y avait de personnes ayant stipulé ou promis, de telle sorte que chaque créancier ne pût plus demander, et que chaque débiteur ne dût plus payer que sa part virile ; et ce qui fut décidé à l'égard des stipulations, le fut également pour les contrats d'une autre nature, où le simple consente-ment était requis, lesquels moins rigoureux dans leurs formes

devaient être au moins aussi peu rigoureux dans leurs effets.

6. Ces changements s'exécutèrent en dehors de l'action législative, par interprétation de la loi des Douze Tables. Par des raisons d'équité, et pour se conformer davantage à l'intention des parties, les magistrats chargés d'appliquer la loi dans la pratique des affaires, et les jurisconsultes qui en expliquaient la théorie, admirent également le principe de la division des dettes entre créanciers et débiteurs : de leurs décisions coordonnées en système sortit le principe général de la divisibilité des obligations.

7. Les empereurs romains dans leurs constitutions poursuivirent l'œuvre des jurisconsultes : la règle sous eux devint encore plus générale. Elle ne s'était appliquée qu'aux citoyens romains : elle fut étendue à tout le monde. C'est ce que prouve le rescrit de l'empereur Adrien (1), qui accorda le bénéfice de division à ceux qui s'engageaient comme cofidéjusseurs dans une même dette ; puisque le contrat de fidéjussion pouvait avoir lieu entre individus qui n'étaient pas citoyens romains.

8. Les textes romains pour les contrats furent ceux que l'on appliqua après la chute de l'empire aux contestations des particuliers dans l'occident : on se référa à leurs règles sur notre matière, et le principe de la divisibilité des dettes et des créances établi dans le droit romain, passa dans notre ancien droit comme règle générale : il fut appliqué sans conteste, tant dans les pays de droit écrit que dans ceux de droit coutumier (2), et il a été reproduit sans difficulté par le Code Napoléon.

9. On commença par appliquer les textes sans en bien

---

(1) Gaius, *Inst.*, III, § 121.

(2) Une seule coutume, celle d'Amiens (art. 91 et 159), établissait en termes exprès la solidarité entre les héritiers. Au témoignage de Toullier (t. III, p. 171, note 1), la solidarité des héritiers était admise aussi en Bretagne, quoique le texte de la coutume n'en dit rien.

comprendre les principes ; puis on chercha à les interpréter.
Dès le xi° siècle commence cette étude qui ne s'est point
ralentie depuis lors jusqu'à nos jours, et qui passant successivement de l'Italie en France et de la France en Allemagne ,
nous a valu de nombreux et savants traités.

Mais comme les lois romaines se rattachaient à des principes
dès longtemps oubliés, on ne sut pas toujours comment les expliquer, et beaucoup restèrent incomprises. Les premiers interprètes uniquement occupés de mettre en présence des textes
souvent inconciliables , furent incapables de s'élever jusqu'à
leur esprit pour en découvrir le sens exact ; ou bien, faute de
connaître les vraies doctrines romaines , ils eurent le tort de
subordonner les lois romaines à des principes nouveaux de
leur invention. Il arriva, par exemple, qu'à leurs yeux les
particularités souvent subtiles , mais toujours minutieusement
exactes de la procédure romaine, changèrent de caractère
pour devenir des énoncés de principes généraux, et servir ainsi
de fondement à des distinctions scolastiques (1), au grand détriment de la clarté et de la vérité historique. Aussi le vrai
sens de la législation romaine demeura-t-il souvent caché, et
de la confusion des règles anciennes avec des idées modernes
naquit chez les interprètes un assemblage de décisions com-
pliquées et de règles obscures.

10. En France, lorsqu'il s'agit de la théorie de la divisibilité et de l'indivisibilité des obligations, on ne cite guère que
le traité de Dumoulin. Cependant il existe sur cette matière
d'autres travaux qui méritent d'être connus. Indépendamment
des explications que l'on peut trouver dans les Commentaires
de Duaren, Cujas, Donneau, sur le titre *De verb. oblig.*, la
littérature du droit fournit deux traités spéciaux : l'un de
Scipio Gentilis, élève de Donneau ; l'autre de Fernando de Rétes,
jurisconsulte espagnol du xvii° siècle. Il est à regretter que

---

(1) Nous apprécierons plus loin la doctrine des trois indivisibilités.

Pothier se soit borné à analyser Dumoulin et n'ait point mis plus à profit toutes les recherches de ses devanciers.

Toutefois dans ces derniers temps on s'est préoccupé davantage de la vérité historique des explications données aux lois romaines, et nous avons pu trouver dans les jurisconsultes de ce siècle, français ou allemands, une étude tout à la fois exacte et complète de notre matière.

Une monographie de M. Julius Rubo, de Berlin (1), nous a paru attester une pleine connaissance des travaux antérieurs jointe à un examen approfondi des textes romains : si nous n'avons pas suivi l'auteur dans ses divisions, qui nous ont paru trop systématiques et peu sûres, nous n'y avons pas moins recueilli de nombreuses et intéressantes recherches sur les lois romaines.

En droit français, l'ouvrage récent de M. Rodière (2), fait dans un but marqué de simplification, nous aura également donné des idées claires sur beaucoup de points obscurs; et si souvent ses solutions peuvent paraître hardies et trop indépendantes du texte, elles servent du moins à poser nettement les questions et à en chercher la solution en pleine connaissance de cause.

Enfin, nous avons surtout reproduit dans ce travail, les excellentes leçons, que nous avons recueillies aux cours de nos professeurs soit de droit romain, soit de Code Napoléon.

11. Dumoulin pensa avoir résolu dans son ouvrage (3) toutes les difficultés de la matière. En effet, dans un traité volumineux, il présenta des vues toutes nouvelles. On est obligé de reconnaître que ses solutions sont presque toutes marquées au coin de l'équité, même quand il a pour adversaires les anciennes célébrités de l'école, les Accurce, les

---

(1) *De la divisibilité et de l'indivisibilité des obligations en droit romain,* ouvrage analysé dans le tome VIII de la *Revue de législation.*
(2) *De la solidarité et de l'indivisibilité.*
(3) *Extricatio dividui et individui.*

Balde, les Bartole et les autres. Mais il n'en résulta pas une explication plus juste et surtout plus claire, des lois romaines.

Entraîné par ses tendances habituelles à tout généraliser d'après un plan préconçu, Dumoulin se posa lui-même des principes auxquels il prétendit tout ramener. Avec cette méthode d'établir des principes *à priori*, sauf ensuite à y appliquer les textes, il risquait fort de mettre en oubli les principes propres et la physionomie particulière du droit romain. Ce fut ce qui ne manqua pas de lui arriver, et on peut lui reprocher d'avoir souvent mis ses vues personnelles à la place de celles des jurisconsultes de Rome.

De plus, dans son ouvrage des traits de génie épars çà et là, ont été noyés au milieu d'une foule de distinctions, la plupart du temps trop subtiles. Cette œuvre en est tellement surchargée, que malgré sa profondeur et son originalité, on a peine à la lire. On est fatigué de cet appareil beaucoup trop scientifique, de l'absence fréquente de méthode, et d'une classification dogmatique, qui, par son obscurité, complique singulièrement une matière, qu'on peut, en définitive, réduire à des termes assez simples.

12. Malheureusement cet ouvrage attira presque seul l'attention de Pothier; qui se contenta de l'analyser (1), et en l'analysant le rendit moins clair. Les auteurs du Code, à leur tour, analysèrent Pothier, ce qui rendant le sujet de moins en moins clair, a fait qu'il semble aujourd'hui à peu près inintelligible.

Tant qu'on se borne à interroger les articles du Code (2), il est impossible d'y rien comprendre. On ne peut rien tirer non plus des discussions qui ont précédé leur émission : elles sont nulles à ce sujet. Avant d'étudier le système actuel de la loi, il est indispensable de connaître celui que présente Po-

---

(1) *Traité des obligations*, n° 288.
(2) Art. 1217 et suiv.

thier d'après Dumoulin. C'est Pothier, en effet, qu'a le plus fréquemment consulté le législateur français pour la rédaction de cette partie du Code. C'est par Pothier seul qu'on peut parvenir à en expliquer plusieurs dispositions.

On trouve en abrégé dans les textes édictés par le législateur les règles et les distinctions autrefois en usage. Il n'est pas toujours facile de les coordonner et de les éclaircir. Mais enfin, comme nous ne sommes plus obligés de rechercher si les textes du droit romain sont exactement conformes, quelle que puisse être la valeur des dispositions légales actuelles comme reproduction du droit romain, il est possible d'arriver à en comprendre le sens et la portée.

13. Nous aurons d'abord sur cette matière à rechercher quel a été le vrai système des jurisconsultes romains, tel qu'il ressort des textes. Nous verrons ensuite comment le comprirent les interprètes, et comment il s'est modifié sous l'inspiration de leurs travaux, pour passer dans le Code Napoléon, dont nous exposerons la théorie.

§ II. — NOTION DE LA DIVISIBILITÉ ET DE L'INDIVISIBILITÉ.

14. Avant d'entrer dans l'examen successif des deux législations sur ce point, nous devons commencer par nous demander à quel caractère on peut reconnaître si l'obligation est divisible ou indivisible.

Suivant Dumoulin (1), l'obligation est divisible ou indivisible, selon qu'elle peut ou non être acquittée pour partie. « *Unus brevis et expeditus est modus cognoscendi an aliqua stipulatio vel obligatio sit dividua vel individua , videlicet an res in eam deducta partium præstationem recipiat vel non.* »

D'après Pothier (2), l'obligation divisible ou dividuelle est celle qui peut se diviser, et une obligation peut se diviser,

---

(1) 3ª pars , nº 53.
(2) Nº 289.

lorsque la chose due qui en fait et la matière et l'objet, est susceptible de di... ions et de parties pour lesquelles elle puisse être payée. Au contraire, l'obligation est individuelle et ne peut se diviser, lorsque la chose due n'est pas susceptible de divisions ou de parties, et ne peut être payée que pour le total.

15. Mais ces définitions ne font guère que reculer la difficulté, parce qu'on ne distingue guère mieux les obligations qui peuvent ou ne peuvent pas être acquittées pour partie.

Nous dirons qu'une obligation est divisible lorsque l'objet en est tel qu'il soit susceptible de prestation partielle. Elle est indivisible, au contraire, lorsque par suite de la qualité de la chose due, l'esprit n'en peut concevoir l'exécution partielle.

16. La division de l'objet peut du reste s'opérer, ou *matériellement*, soit par séparation des parties, comme s'il s'agit d'une pile d'écus; soit par délimitation sans séparation, comme si l'on partage un arpent de terre en plantant une borne au milieu; ou *intellectuellement*, sans séparation ni délimitation matérielle, par portions purement intellectuelles et numériques, lorsque, par exemple, à la mort du propriétaire, un domaine est divisé entre ses héritiers par portions aliquotes et indivises. Dans ce cas, la part de chacun reste indivise et n'existe que *in jure et intellectu* (1).

Dès lors, nous devons regarder comme indivisibles les choses qui ne sont susceptibles de division ni matérielle ni intellectuelle; en d'autres termes, dont on ne peut concevoir la division ni en parties *pro diviso*, ni en parties *pro indiviso; nec in partes quantas, nec in partes quotas*, comme dit Dumoulin. On donne pour exemple l'obligation de fournir un droit de passage.

Peu importe du reste qu'une chose soit matériellement divisible ou non : il suffit que la division puisse s'opérer intel-

---

(1) Pothier, n° 288. — M. Valette, *leçon du 16 janvier 1851.*

lectuellement pour qu'elle soit divisible au point de vue du droit. Pothier invoque à cet égard un texte souvent cité (1) : « *Qui Stichum debet, parte Stichi data, in reliquam par-* » *tem tenetur.* » En payant une partie intellectuelle de l'es-clave Stichus, le tiers, la moitié, je suis libéré pour cette partie.

(1) L. 9. 1, *De sol. et lib.*

PREMIÈRE PARTIE.

DROIT ROMAIN.

CHAPITRE PREMIER.

OBSERVATIONS GÉNÉRALES.

17. Nous allons rechercher quelles étaient à Rome les obligations divisibles et les obligations indivisibles, et quels effets elles produisaient. Pour y arriver, nous avons à expliquer des textes difficiles, qui doivent être la base de la discussion et de la solution de la question. Les principaux de ces textes sont les lois 2, 3, 4 et 85, *De verborum obligationibus* (1).

Remarquons que les fragments qui servent de base à la théorie, sont exclusivement propres aux stipulations, c'est-à-dire à des obligations *stricti juris*, et ne peuvent être étendus aux obligations *bonæ fidei*, à l'égard desquelles on trouverait des dispositions différentes. Mais ces décisions exceptionnelles

---

(1) Livre XLV, titre 1 au Dig.

ne renversent pas la règle, et le *strictum jus* seul renferme le principe d'unité, le vrai principe scientifique (1).

18. Avant d'entrer dans l'étude détaillée de notre théorie, il est bon, à l'exemple de Paul (2), de parler de la division des obligations suivant qu'elles consistent à donner ou à faire. Il nous est utile d'avoir dès l'abord une définition exacte et précise de ces deux mots, qui comprennent toutes les obligations, pour en bien saisir la portée relativement au sujet qui nous occupe. Nous verrons du reste plus loin que soit les oblitions de donner, soit celles de faire ou de ne pas faire, sont également divisibles ou indivisibles, selon qu'elles sont ou non susceptibles de prestation partielle, et qu'à cet égard il n'y a pas à distinguer là où les textes pas plus que la raison ne font de distinction. *Harum omnium quædam*, dit en effet la loi 2. 1, *De verb. oblig.*, en généralisant le plus possible sa pensée, et surtout sans se prêter à aucune restriction.

Dare signifie transporter la propriété au même tout *jus in re.*

Facere signifie tout ce qui n'est pas compris dans le mot *dare.*

Gans (3) veut limiter le sens de *dare* au transport de la propriété, et comprend l'obligation qui a pour objet une servitude dans les obligations qui consistent à faire, parce que celui à qui elle est due doit faire quelque chose, et que celui qui la doit est obligé de souffrir ou de ne pas faire, le mot *facere* s'employant d'ailleurs dans le sens négatif aussi bien que dans le sens positif (4). Mais c'est là confondre l'exercice de la servitude, qui est un fait, avec le droit de la servitude même, qui doit être transféré avant qu'elle ne puisse s'exercer (5).

---

(1) Julius Rubo, *De la cir. et de l'ind. des oblig.*
(2) L. 2, pr. *De verb. oblig.*
(3) *Des oblig. en droit romain.*
(4) *Instit. par. 7 de verb. oblig.*
(5) Scipio Gentilis, t. 1, cap. 13, p. 136.

19. Dans l'obligation divisible le créancier peut agir et le débiteur se libérer pour partie, de sorte que l'un de plusieurs créanciers libère, et l'un de plusieurs débiteurs se trouve libéré par l'acquittement de la part qui lui incombe dans l'obligation. Au contraire, lorsque l'obligation est indivisible, la prestation doit avoir lieu en totalité pour opérer une libération.

Le cas de plusieurs créanciers ou de plusieurs débiteurs peut se présenter originairement lorsque l'obligation est contractée à plusieurs; mais il se présente surtout héréditairement lorsque n'y ayant originairement qu'un seul créancier et un seul débiteur, l'un d'eux vient à mourir laissant plusieurs héritiers. Dans les deux cas, les mêmes règles s'appliquent relativement à la divisibilité et à l'indivisibilité des obligations, et il y a lieu à faire plusieurs distinctions.

S'il n'y a qu'un créancier et un débiteur, la faculté de diviser la demande implique toujours celle de diviser le payement; mais si l'une des deux n'est pas permise, l'autre pareillement ne peut pas avoir lieu. Remarquons bien qu'il ne s'agit pas alors du droit d'exiger la division, ni de l'obligation de la souffrir, mais seulement de la possibilité d'une division; car à raison de la bonne foi, qui est indivisible, la division dans ce cas ne peut jamais avoir lieu que de l'accord du créancier et du débiteur (1).

Il en est autrement des cas où il y a plusieurs créanciers ou débiteurs; le débiteur peut alors être obligé à plus que ce que l'un des créanciers peut exiger, et réciproquement le créancier peut avoir à demander plus que ce à quoi l'un des débiteurs est tenu. Nous aurons à rechercher dans ces différents cas, quand il y aura ou non pour les créanciers obligation de souffrir, et pour les débiteurs droit d'exiger la division.

20. Dans la loi 2. 1, *De verborum obligationibus*, les obligations sont nettement distinguées en divisibles et indivisi-

---

(1) De Retes, *De div. et indir.* dans Meerman, t. VII, cap. 1. p. 3.

bles. Le jurisconsulte Paul ne s'occupe ici que de l'objet de l'obligation prise en soi, abstraction faite de ce qu'un seul ou plusieurs créanciers peuvent demander, de ce qu'un seul ou plusieurs débiteurs doivent payer. Il cite pour exemples différentes obligations qu'il déclare divisibles ou indivisibles, selon que leur objet est ou non susceptible de prestation partielle, *partium præstationem recipit.*

Nous trouvons à la vérité dans ce paragraphe un troisième cas qui, au premier abord, ne paraît pas rentrer dans les termes de la précédente classification, et semblerait former une troisième catégorie à part. Mais, comme nous le verrons en son lieu, il doit être compris dans notre division, et n'offre en définitive qu'une variété de la divisibilité, avec quelques modifications commandées par la forme spéciale des obligations alternatives et génériques (1).

21. Plus loin, dans la loi 85, le même jurisconsulte Paul recherche dans quels cas s'opère la division entre plusieurs débiteurs et créanciers, soit originaires, soit héréditaires; il n'a plus alors pour but de rechercher quelles obligations sont indivisibles et quels effets en découlent, mais ce que, dans le cas posé, chaque héritier du créancier peut et doit demander à chaque héritier du débiteur; c'est-à-dire que la division étant supposée permise par la nature de l'objet dû, Paul ici recherche de plus, comment elle doit se faire entre les héritiers des parties contractantes; et alors, par suite du système de procédure admis à Rome pour l'exécution des obligations, il distingue quatre cas, selon que l'obligation est d'abord en soi divisible ou indivisible, selon qu'ensuite un seul créancier peut demander plus ou moins qu'un seul débiteur ne doit lui payer.

22. Ainsi, dans notre premier texte, il s'agit de savoir si la nature de l'objet en permet la division, tandis que, dans

------

(1) M. Machelard, *leçon du 13 janvier 1851.*

la loi 85, on examine comment cette division se fera entre plusieurs héritiers des contractants. .

Nous pouvons donc regarder la loi 2. 1, comme faite en vue d'un seul créancier et d'un seul débiteur, tandis que dans toutes les autres lois relatives à la matière, il est parlé de plusieurs héritiers du débiteur ou du créancier originaire.

C'est ce qui ressort d'ailleurs de la liaison des deux premiers paragraphes de la loi 2, *Ex his igitur stipulationibus, ne heredes quidem*, etc. Le premier paragraphe ne regardait donc pas les héritiers, puisque le second commence par déclarer que certaines règles relatives à des obligations du paragraphe précédent, s'appliquent *même* à ces héritiers.

23. Nous passerons successivement en revue, dans la suite de ce travail, les différents cas dont nous venons de donner la simple énumération.

Nous avons déjà dit que de ce que l'obligation est divisible, il ne suit pas qu'elle soit divisée entre un seul créancier et un seul débiteur; il ne suit pas que le créancier puisse forcer le débiteur à des payements partiels, ni le débiteur forcer le créancier à les recevoir.

. Dans ce cas, au contraire, l'obligation, quoique divisible, doit être exécutée indivisément à cause de l'indivisibilité de la bonne foi (1), si le créancier et le débiteur ne s'accordent sur le contraire, et la division ne peut jamais s'établir que du consentement des parties. Cependant, même en ce cas, comme le créancier peut accepter un payement partiel, il importe de savoir, quand on doit admettre la possibilité de ce payement, et, par suite, d'une libération partielle. C'est ce que nous aurons à rechercher sur ce point (2).

24. Ainsi, en droit, le créancier ne peut pas, malgré le débiteur, diviser sa demande; tellement que par le refus d'une

---

(1) Dumoulin, 3ᵉ *pars*, nᵒ 195.
(2) Molitor, nᵒ 229.

partie de la prestation, lorsque le débiteur lui offre le tout, il est constitué *in moram accipiendi*.

Le débiteur ne peut pas davantage forcer le créancier à recevoir un à-compte; cependant, quelques jurisconsultes sont d'un avis différent, et pensent que s'il n'a été rien déterminé sur le mode de payement, le créancier peut être forcé de recevoir une partie de la dette, et que s'il refuse il est passible des conséquences du retard. Ils se fondent sur la *loi 21 de rebus creditis*, et la *loi 4* au Code *De collatione fundorum patrimonalium* (1).

Mais ces deux textes prouvent plutôt le contraire. Dans le premier, par les mots *humanius facturus*, Julien reconnaît que le droit étroit s'oppose à ce que le créancier soit forcé de recevoir un à-compte. Seulement, le préteur, dans un but d'équité, et pour abréger les procès, peut forcer le demandeur à recevoir ce qui lui est offert. Mais il résulte de là que si cela ne plaît pas au préteur, la règle de droit recevra son application (2).

La loi 4 au code précitée prouve aussi que telle est la règle, puisqu'elle accorde comme une faveur particulière aux fermiers de l'État, la faculté de payer des à-compte, toutefois sans dépasser le nombre de trois termes par chaque année.

25. Vainement encore dirait-on que le créancier peut être forcé indirectement à recevoir un payement partiel, pour le motif qu'une moindre dette se compense avec une plus forte, lorsque deux dettes sont liquides et compensables. La compensation ne fait aucunement exception aux principes que nous venons d'énoncer : car la dette avec laquelle le créancier est obligé de compenser, suppose un fait volontaire et libre de sa part, de sorte qu'il est toujours vrai de dire, qu'aucun débiteur ne peut forcer son créancier à recevoir *malgré lui* un payement partiel (3).

---

(1) Scipio Gentilis, t. I, cap. 4, p. 97.
(2) Donneau, *Comment. ad. titul de rebus creditis.*
(3) Molitor, n° 238.

· CHAPITRE II.

OBLIGATIONS DIVISIBLES.

26. Toute obligation est divisible, dont l'objet est susceptible d'exécution partielle.

En général, on peut dire que les obligations de donner sont divisibles, toutes celles du moins qui ont pour objet la propriété et l'usufruit. choses parfaitement divisibles (1).

L'usufruit n'est toutefois susceptible que d'une division intellectuelle. Celui qui a une partie d'un usufruit, n'a que le droit d'acquérir la propriété commune avec les autres co-usufruitiers des fruits d'une chose. On pourrait opposer ce texte de Papinien : *Ususfructus et ab initio pro parte indivisa vel divisa constitui, et legitimo tempore similiter amitti* (2). Mais Papinien veut parler d'une partie du fonds, plutôt que d'une partie de l'usufruit. Or celui qui a l'usufruit d'une partie séparée du fonds, n'a nullement une part de l'usufruit de tout le fonds.

L'usage est au contraire indivisible (3) par cette raison que les fruits que perçoit l'usager ne peuvent servir qu'à ses besoins qui sont indivisibles. Soit donc que l'usage consiste dans le seul droit d'user, soit qu'il donne droit à des fruits, comme au cas où un jardin y est soumis, il ne cesse jamais d'être un droit indivisible. Le seul cas où l'usage soit divisible, c'est quand il se confond avec l'usufruit, et alors la circonstance que l'usage est compris dans l'usufruit, n'empêche pas la divisibilité de l'usufruit, parce que l'usage y est entièrement subordonné à la jouissance (4).

---

(1) M. Machelard, *leçon du 13 janvier 1851*. — L. 5, *De usufructu.*
(2) L. 5, *De usuf. et quem.*
(3) L. 19, *De usu.*
(4) L. 11, *De usu et usuf. legato.*

Quant au *jus habitationis*, comme à la différence de l'usager, l'*habitator* peut donner la chose en location, et par conséquent percevoir des fruits civils ; comme d'ailleurs ces fruits civils ne sont pas limités par les besoins de la personne, il s'ensuit que de même que l'usufruit, l'*habitatio* est un droit divisible.

27. La loi 2. 1, *De verb. oblig.*, cite parmi les obligations de donner, comme faisant exception aux règles de la divisibilité, la servitude de passage, et la loi 72, généralisant l'idée, semble déclarer indivisibles toutes les servitudes prédiales : *Stipulationes non dividuntur earum rerum quæ divisionem non recipiunt; veluti viæ, actus, aquæductus celerarumque servitutum* (1).

Pothier (2), cependant, paraît admettre des servitudes divisibles quand il dit : « Les choses indivisibles sont celles qui ne sont susceptibles ni de parties réelles, ni de parties intellectuelles ; telles sont la *plupart* des servitudes prédiales »; et Dumoulin (3) énonce plus clairement encore la même opinion, qui, se fondant sur la loi 19. 4 *Communi dividundo*, soutient que quelques servitudes prédiales peuvent se diviser *tempore aut mensura*. La loi invoquée relative à une prise d'eau, déclare que les héritiers qui se partagent le fonds peuvent convenir que chacun jouira du droit d'irrigation à des jours ou à des heures différentes (*tempore dividere*) ou que la portion d'eau prise sur le fonds asservi sera divisée dans la proportion de la part de chacun (*mensura*).

C'est qu'en effet l'indivisibilité peut se prendre ici en deux sens.

Il est d'abord des servitudes dont on ne comprend pas la division par parties aliquotes, telles que les servitudes *itineris, prospectus, stillicidii*. Celles-là sont indivisibles par leur nature et le sont par conséquent d'une manière absolue.

---

(1) L. 72 pr., *De verb. oblig.*
(2) *Traité des obligations*, n° 288.
(3) *Extricatio labyrinthi div. et ind.*, 3ᵉ pars, n° 291.

D'autres servitudes, au contraire, peuvent se comprendre divisées, quant à leur utilité, par portions aliquotes : tels une servitude de prise d'eau, un droit de pacage pour un certain nombre de têtes, un droit d'extraction d'une certaine quantité de pierre, de sable, de marne, etc. Ces servitudes ne sont donc pas indivisibles par leur nature, et Dumoulin, en effet, les range parmi les droits divisibles.

Mais les servitudes sont indivisibles aussi en un autre sens, en ce qu'elles grèvent chaque partie du fonds servant et qu'elles sont censées inhérentes à chaque partie du fonds dominant : en ce sens-là toutes les servitudes sont également indivisibles, aussi bien celles dont l'utilité peut se partager que celles dont le partage est impossible. A ce point de vue, la servitude n'est plus qu'une qualité du fonds dominant, et comme telle ne se peut pas comprendre divisée. Sous ce rapport seulement le droit de servitude est toujours indivisible, et l'on peut fort bien supposer que c'est ainsi que l'ont envisagé les jurisconsultes romains. Autrement, il peut certainement se rencontrer des servitudes divisibles dans leur utilité, comme nous venons de le voir.

28. Les obligations de faire ou de ne pas faire sont également divisibles ou indivisibles (1), selon que leur objet est ou non susceptible de prestation partielle. Le plus souvent, il est vrai, les obligations de cette nature seront indivisibles ; mais il n'est pas douteux qu'il n'y ait aussi des faits parfaitement divisibles, par exemple les travaux manuels à la tâche, le fait de creuser tant de mètres de fossé, de labourer tant d'arpents de terre, dans lesquels la division se comprend très-bien (2).

Il en serait de même de l'obligation d'un acte de droit à accomplir par le débiteur. Ainsi dans le legs de libération, le

---

(1) M. Pellat, *leçon du 16 avril 1855*. — M. Machelard, *leçon du 13 janvier 1854*.
(2) Dumoulin, 2ᵉ pars, n° 367 et 3ᵉ pars, n° 271.

légataire n'est pas de plein droit libéré, il peut seulement exiger accepttilation des héritiers; mais comme aucun d'eux n'est créancier pour le tout, aucun non plus ne peut faire accepttilation pour le tout. Il faut donc que l'obligation de faire accepttilation soit divisible, puisque dans l'espèce elle est nécessairement divisée.

29. Cette division des faits en divisibles et indivisibles est d'ailleurs formellement exprimée dans la loi 4. 1 *De verb. oblig.*, où Caton distingue à propos de la peine le *factum individuum* du *factum quod divisionem recipit.*

De même encore dans l'obligation de ne pas faire, le fait peut être tel que la contravention d'un seul nuise autant que celle de tous, comme il arrive dans l'obligation de ne pas empêcher de passer. C'était une stipulation usitée pour établir un droit de passage sur les fonds provinciaux (1). Comme ils n'étaient susceptibles ni de la propriété civile, ni de ses démembrements, on suppléait à l'impossibilité d'une véritable servitude par la stipulation qu'on n'empêcherait pas de passer, *per te non fieri, quoniam mihi ire agere liceat.* On y ajoutait une clause pénale pour le cas d'inexécution : le fait d'empêcher le passage est tel ici, que le créancier a le droit de se plaindre de la contravention d'un seul débiteur, et Caton décide que la peine entière est encourue par la contravention d'un seul (2).

Au contraire, le fait stipulé peut être tel qu'un seul débiteur puisse n'y manquer que pour sa part. La contravention dans ce cas n'existera que par rapport au contrevenant et pour sa part seulement. C'est ce qui arrive dans la stipulation *amplius non agi* (3), qui tendait à mettre fin aux procès. Cette stipulation intervenait lorsqu'on agissait par procureur ; le débiteur exposé à être poursuivi de nouveau, si je ne ratifie pas

---

(1) M. Machelard, *leçon du 13 janvier 1854.*
(2) L. 4. 1, *De verb. oblig.*
(3) L. 1. 1, *De verb. oblig.*

l'acte de mon procureur, me fait promettre de ratifier ou de ne pas agir. Refuser de ratifier, c'est se réserver le droit d'agir, et chaque héritier ne peut se le réserver que pour sa part, puisqu'il ne peut agir que pour cette part. La stipulation ne sera donc commise que pour partie, et le seul contrevenant sera tenu de sa contravention pour sa part.

30. Cependant avant Dumoulin les auteurs considéraient généralement les obligations de faire et celles de ne pas faire comme indivisibles dans tous les cas. Ici, en effet, se présente une grave difficulté.

L'obligation de livrer un fonds, *fundum tradi*, paraît de sa nature parfaitement divisible. Rien, en effet, n'est plus divisible que la livraison d'un fonds de terre, et l'on comprend très-bien qu'elle puisse s'opérer pour un quart, un tiers, la moitié. Toutefois la loi 72, *De verb. oblig.*, comprenant cette obligation avec plusieurs autres, les déclare toutes formellement indivisibles. A ce sujet se sont élevées de longues controverses, et on a cherché quelle explication on pouvait raisonnablement donner de la loi précitée pour ne pas la mettre en contradiction avec le bon sens (1).

On a d'abord supposé qu'il s'agissait de la convention de livrer *plenam et vacuam possessionem*, une possession tout à fait libre. Mais cette explication ne repose sur aucun fondement solide.

31. D'autres ont pensé qu'Ulpien avait entendu parler d'une stipulation avec clause pénale : *Livrer un fonds à peine de tant*. En effet, dans le cas de clause pénale, comme nous le verrons bientôt, l'obligation même divisible en soi, peut devenir indivisible par le fait de la peine ajoutée, en ce sens du moins que la peine est encourue tout entière, dès que l'obligation principale n'est pas entièrement accomplie. Il était d'usage fréquent à Rome d'ajouter une pareille clause à la stipulation d'un fait, pour éviter tout débat sur la fixation des

____

(1) M. Machelard, *leçon du 13 janvier 1851.*

dommages-intérêts au cas d'inexécution. Il est probable, a-t-on dit, qu'en assimilant l'obligation *fundum tradi* à d'autres qu'il déclare sans hésiter indivisibles, Ulpien a songé à ce qui était en usage de son temps, et que, pensant au cas d'une clause pénale stipulée en vue de rendre l'obligation indivisible, il l'a sous-entendue. Cette interprétation, d'ailleurs, se trouve confirmée par l'analogie de la loi 85. 0, où la même espèce se trouve citée, mais avec addition d'une peine, comme exemple d'obligation indivisible: *Livrer le fonds Titius à peine de cent.*

Cependant sur quoi se fonde, en définitive, cette explication? Sur un oubli peu croyable de la part du jurisconsulte, et sur la supposition hasardée d'une clause, par laquelle on arrive à donner à l'obligation un caractère directement contraire à celui qu'énonce le texte. Est-il permis d'interpréter ainsi la loi pour la ramener à un système? Peut-on compléter ainsi non-seulement la pensée obscure, mais le texte admis du législateur, de façon à le dénaturer, et pour lui faire dire le contraire de ce qui y est écrit? Nous ne le pensons pas, et nous ne trouvons pas les arguments invoqués suffisants pour nous y croire autorisés.

32. Une troisième conciliation s'est produite, qui a pour elle l'autorité de Dumoulin et de Pothier(1). Dumoulin(2) a supposé que dans la loi 72 il s'agissait de la tradition d'un fonds en vue d'un but déterminé; par exemple, pour y établir un pressoir. Ce but ne pourrait, dès lors, être atteint sans une livraison complète du fonds, et il est certain que dans ce cas, l'obligation même divisible devient indivisible, dès qu'on considère l'usage postérieur auquel est destiné l'objet dû. Cette explication a fait fortune sous le nom de son inventeur; elle a été depuis presque universellement adoptée, et nous la retrouverons plus tard donnant naissance à une disposition de notre Code français (3).

---

(1) Pothier, n° 295.
(2) Dumoulin, 2ᵉ pars, n° 278 ad n° 359.
(3) L'art. 1218.

Mais elle ne nous en semble pas moins beaucoup trop problé-
matique pour être suivie. Elle suppose aux parties une intention de prévoyance, que rien ne prouve dans l'espèce, et par
suite nous ne croyons pas qu'il faille s'y arrêter.

33. Il est enfin une autre interprétation, qui nous semble
préférable à toutes les précédentes. Elle consiste à distinguer
si la livraison du fonds doit avoir pour but la translation de
propriété ou seulement la translation de possession. On peut
dire que, dans l'espèce, il s'agit de livrer la possession sans
transférer la propriété, c'est-à-dire qu'il s'agit d'un *nudum
factum traditionis*, comme disent les interprètes. Copropriétaire d'un fonds, je vends ma part; je puis la livrer en partie,
parce que cette obligation, ayant pour objet un corps certain,
est divisible. Mais vendeur d'un fonds, je donne mandat à Titius d'en faire la livraison; Titius est obligé à poser un *nudum
factum traditionis*. Son obligation est indivisible et ne saurait
s'exécuter pour partie. Tel peut être le cas de la loi 72. Il en serait ici de la tradition comme de l'obligation de prêter quelque
chose, une voiture, par exemple, où le fait est indivisible (1).
Toutefois il n'en est pas moins positif que généralement l'obligation *fundum tradi* est divisible, et dans l'impossibilité de donner une conciliation certaine des principes à cet égard, peut-
être faut-il regarder l'exemple de la loi 72 comme suspect?

4. Dans le même texte (2) se trouve citée comme également indivisible l'obligation de creuser un fossé, *fossam fo-
diri*, qui est aussi divisible en général. Mais ici on peut très-
bien supposer que, pour l'utilité des parties, l'ouvrage doit être
achevé, et que, dès lors, leur intention a été que le fossé fût
livré dans son entier, pour qu'il y ait libération. Chaque héritier devra ainsi son tiers, sa moitié *indivisément*, et ne sera libéré pour sa part qu'après l'entier achèvement du fossé.

Les *operæ*, journées de travail, étaient généralement divi-

---

(1) M. Pellat, *leçon du 19 avril 1853.*
(2) L. 72, *De verb. oblig.*

sibles (1); elles sont cependant présentées ici comme indivisibles; c'est que sans doute ici on a voulu parler de l'*opera*, c'est-à-dire de la journée considérée en elle-même comme unité de temps, et qui est, dès lors, indivisible (2); peut-être aussi a-t-on confondu les *operæ*, travaux indéterminés, avec l'*opus*, ouvrage stipulé complet, qui est toujours indivisible (3).

35. Dans toute obligation divisible, s'il n'y a qu'un créancier et un débiteur, l'obligation devra s'exécuter indivisément, sauf accord des parties, comme nous l'avons dit plus haut. Mais si cet accord existe, la prestation d'une partie opérera libération pour cette part, le payement sera valable et le débiteur ainsi libéré n'aura pas le droit de répéter ce qu'il aura payé de la sorte. *Qui Stichum debet,* dit Ulpien, *parte Stichi data, in reliquam partem tenetur.* Il est libéré de la part qu'il a payée, il n'est plus tenu que du reste (4).

36. S'il y a plusieurs créanciers ou débiteurs, soit originaires, soit héréditaires, la division se fait entre eux de plein droit, au prorata de leurs parts viriles ou héréditaires, que l'obligation, d'ailleurs, résulte d'une stipulation ou d'un testament.

Le débiteur ne pourra plus dès lors se libérer en payant à un seul des créanciers ou héritiers du créancier.

Le créancier qui refuserait sa part de dette pour exiger un complet payement, serait constitué en demeure, et le débiteur qui aurait payé au delà de sa part aurait la *condictio indebiti* pour répéter l'excédant (5).

Il n'en serait pas autrement, lors même que l'un des héritiers du débiteur deviendrait insolvable : les autres ne seraient encore tenus que pour leurs parts. La perte que le créancier subit

---

(1) L. 51. 1, *De verb. oblig.*
(2) L. 3. 1 et L. 15, *De oper. libert.*
(3) M. Pellat, *leçon du 19 avril 1853.*
(4) L. 9. 1, *De sol. et lib.*
(5) L. 25, *De solutio.*

alors, il eût pu la prévenir en prenant ses précautions contre les héritiers de son débiteur (1).

Un effet naturel de la divisibilité, c'est que si l'un des créanciers a reçu sa portion et l'autre non, celui-ci ne doit pas faire participer celui-là aux dommages-intérêts qu'il obtient, pas plus que le débiteur solvable ne peut être tenu de payer pour celui qui ne l'est pas (2).

37. Si une obligation comprend un nombre d'objets de même genre, qui soit l'égal ou le multiple du nombre des coïntéressés, créanciers ou débiteurs, elle se divise non plus *in partes singularum rerum*, mais bien *numero*, numéralement. Si, par exemple, 2, 4, 10 chevaux sont stipulés par 2, 4, 10 créanciers ou contre 2, 4, 10 débiteurs, la division s'opérera par l'attribution à chacun, et par chacun de l'objet ou du nombre multiple d'objets stipulés. C'est ce que décide la loi 54, *De verb. oblig. Quotiens autem genera stipulamur, numero fit inter eos heredes divisio.... Si idem duos homines stipulatus fuisset, singuli homines heredibus ejus deberentur.* Remarquons bien que le jurisconsulte dit *genera*. Il s'agit de plusieurs choses appartenant au même genre, et non pas d'un genre, *genus*, pour lequel nous aurons plus loin à indiquer des dérogations aux règles générales de la divisibilité.

38. Il peut se présenter à cet égard une question d'interprétation fort délicate. Si l'on a promis dix esclaves ou dix pièces d'or à deux débiteurs, on peut acquitter l'obligation en donnant à chacun soit cinq objets divisément, soit moitié indivise des dix.

Si l'esclave commun de deux maîtres stipule Stichus et Pamphile, il est certain que les parties ont eu en vue des esclaves déterminés, et comme un esclave pris dans son individualité n'en vaut pas un autre, le débiteur ne pourrait pas se libérer en payant Stichus à l'un des créanciers et Pamphile

____

(1) L. 31, *De reb. auctor. jud.*
(2) L. 33, *De leg.* 2.

à l'autre. Chaque esclave stipulé est au contraire acquis pour moitié indivise à chaque créancier. — Il en serait de même si l'on avait promis deux Stichus ou deux Pamphile.

Si maintenant on a promis dix pièces d'or, ou d'autres choses pour lesquelles l'individualité n'est pas prise en considération, par exemple des tonneaux de vin ou d'huile, il semble entendu que pour la plus grande commodité des parties, l'obligation doit se diviser numéralement, *apparet hoc actum ut numero dividatur obligatio*, et on devra donner *cinq* à chacun des créanciers.

Mais si on a promis dix esclaves (*decem homines*), il y a doute si c'est déterminément ou indéterminément, et si par suite la division doit se faire *per partes indivisas*, indivisément, ou numéralement, *numero*.

On ne pourra se déterminer, dans ce cas, que d'après les circonstances. Il faudra apprécier si, dans l'obligation, les parties ont considéré les esclaves comme des corps certains ayant chacun leur individualité propre, ou comme des quantités de même espèce. Au premier cas s'appliquera la division *per partes indivisas*, et au second la division numérique (1).

39. Il pourrait encore arriver que les objets divisibles en eux-mêmes fussent considérés comme indivisibles dans l'intention des parties, comme s'il a été stipulé une couple de bœufs pour la charrue, un attelage de chevaux pour un quadrige. Ici la division *numero* ne serait plus possible; chacun des héritiers du débiteur ne se pourrait pas libérer, en livrant à chacun des héritiers du créancier un cheval, un bœuf : car ce ne sont pas des animaux séparés qui ont été stipulés, mais une couple de bœufs, un attelage de chevaux, qui ne peuvent être utilement livrés à chacun et pour chacun qu'*indivisément*, *per partes*, pour que la convention soit exécutée.

Remarquons enfin que l'obligation qui comprend plusieurs objets, *Stichus* et *Pamphile* par exemple, est en dehors de la

---

(1) L. 29, *De solution.* — M. Pellat, *leçon du 16 avril 1853.*

théorie de la divisibilité. Le payement de Stichus opère libération, parce qu'à proprement parler il y a autant d'obligations distinctes que d'objets divers (1).

CHAPITRE III.

OBLIGATIONS INDIVISIBLES.

40. L'obligation est de sa nature indivisible, toutes les fois que l'esprit ne peut pas en comprendre la division par portions aliquotes, par moitié, par tiers, par quart.

Nous avons vu dans quel sens il fallait entendre l'indivisibilité des servitudes prédiales. Quelques-unes peuvent bien se comprendre divisées, quant à leur utilité, par portions aliquotes. Mais elles sont toutes également indivisibles, aussi bien celles dont l'utilité peut se partager, que celles dont le partage est impossible, en ce sens qu'elles grèvent chaque partie du fonds servant, et qu'elles sont censées inhérentes à chaque partie du fonds dominant.

Si une servitude compète à plusieurs, chacun n'a pas une partie de la servitude, mais il y a autant de servitudes que d'ayants droit. Chacun d'eux a une servitude entière (2). Il en est de même du droit d'usage prêté ou loué à plusieurs (3).

Si la servitude appartient à plusieurs qui doivent l'exercer à des heures différentes, chaque ayant droit à toute la servitude au moment où il l'exerce, et les autres n'ont au même moment aucun droit sur le fonds servant (4).

Si une servitude est étendue ou restreinte dans son exercice, elle n'est pas pour cela susceptible de division. Mais c'est une nouvelle servitude qui est établie à la place de la première.

---

(1) L. 29, pr ; L. 86, *De verb. oblig.*
(2) L. 16, *Quemad. serr. amit.*
(3) L. 5, p. 15, *Commod.*
(4) L. 5. 1, *De servitut.*

41. Lorsqu'une promesse de constituer une servitude est faite par un seul promettant à un seul stipulant, cette promesse oblige, si le promettant est unique propriétaire du fonds grevé, et le stipulant unique propriétaire du fonds dominant. Mais si l'un d'eux n'est que copropriétaire, la stipulation est nulle et sans effet : elle n'acquiert pas la servitude entière, parce qu'en droit romain on ne peut stipuler ni promettre pour autrui : elle ne l'acquiert point pour partie, parce que la servitude est indivisible; c'est pourquoi la loi 19 *De serv. præd. rust.* décide que si l'un des associés stipule un droit de passage au profit d'un fonds commun, la stipulation est inutile, et que la loi 17 *De serv.* porte en termes généraux : *Viæ, itineris, actus, aquæductus pars in stipulationem deduci non potest, quia usus earum indivisus est.*

42. Il faut se garder de confondre la promesse et la stipulation d'une servitude faites par un des copropriétaires, lesquelles sont complétement nulles, avec la constitution ou la quasi-tradition qui serait faite par l'un des promettants ou à l'un des stipulants, à la suite de stipulation et de promesse régulières. Telle constitution faite par un seul des promettants, bien qu'elle soit insuffisante pour la constitution du droit réel (1), ne sera cependant pas absolument sans effet. D'abord elle empêchera le constituant de s'opposer à l'exercice de la servitude; car s'il revendiquait la liberté du fonds, il rencontrerait l'*exceptio doli;* en second lieu, si les copropriétaires constituent successivement le même droit, la servitude sera définitivement acquise (2).

Si le débiteur d'une servitude n'en faisait la concession qu'à un seul des stipulants, le droit réel ne serait pas constitué dès le moment, mais il le serait dès que la concession aurait été faite aux autres. Dans l'intervalle, le stipulant au profit duquel

---

(1) L. 2, *De serv.*
(2) L. 11, *De serv. præd. rust.;* L. 18, *Commun. præd.*

la concession aurait eu lieu ne pourrait plus être empêché d'exercer la servitude : le débiteur serait ici encore repoussé par l'*exceptio doli.*

43. S'il y a plusieurs créanciers ou débiteurs de la servitude, chaque créancier peut actionner chaque débiteur pour le tout, et chaque débiteur est tenu de payer la totalité, que la servitude soit établie d'ailleurs par testament (1) ou par stipulation (2). Il est impossible, en effet, de demander ou de payer pour partie une servitude qui, par sa nature, n'est pas susceptible de prestation partielle.

Si l'un des coobligés a presté le tout, les autres sont libérés et passibles du recours du premier, soit par l'action *communi dividundo*, s'ils sont simplement codébiteurs, soit par l'action *familiæ erciscundæ*, s'ils sont cohéritiers (3).

Dans cette dernière hypothèse, la loi 2. 2 *De verb. oblig.*, suppose une servitude promise sur le fonds d'un tiers : car si elle l'avait été sur un fonds du défunt, elle ne pourrait être constituée sur ce fonds que par tous les héritiers copropriétaires réunis. L'héritier actionné qui dans le cas prévu a payé le tout, n'en était pas personnellement tenu, et il n'a pu y être obligé que par suite de l'impossibilité d'établir partiellement une servitude sur le fonds grevé. Il a dû en conséquence s'entendre avec le propriétaire du fonds, pour qu'il ait à me faire cession *in jure* de la servitude ; mais en agissant ainsi, il avance la part de ses cohéritiers, dont il fait par là même les affaires : il aura donc son recours contre eux. De plus ce n'est pas de son plein gré et uniquement en vue d'obliger ses cohéritiers, qu'il a payé pour eux : il a dû payer nécessairement le tout pour se libérer de sa part, et pour éviter les dommages-intérêts auxquels nous verrons que le non-établissement de la servitude l'eût fait condamner *in solidum.* Dans

---

(1) L. 1, *De serv. leg.*
(2) L. 15. 10, *Fam. ercisc.*
(3) L. 25 10, *Fam. ercisc.*

ces circonstances, il n'aura pas seulement l'action *negotio-rum gestorum*, mais l'action plus utile *familiæ erciscundæ* (1).

Il en serait de même de l'action *communi dividundo*, au cas où les coïntéressés auraient été primitivement codébiteurs de la servitude.

44. Si l'un des créanciers a obtenu gain de cause en demandant toute la servitude indivisible, la décision profite non-seulement à lui, mais encore à tous les créanciers (2). Si le créancier avait perdu son procès, le jugement nuirait-il aux autres? La question était controversée. Il nous semble que la loi 19, *Si serv. vind.*, décide implicitement l'affirmative (3). Car tout en donnant aux autres créanciers, action contre celui qui a perdu par son dol ou par sa faute, elle paraît maintenir l'effet du jugement contre tous.

Quoique l'un des créanciers ait ainsi obtenu gain de cause, la servitude n'est point cependant acquise, ni pour la part de celui qui a actionné, parce que la servitude ne peut se diviser, ni en totalité parce qu'elle serait acquise à tout le fonds, dont le demandeur n'a qu'une part intellectuelle. L'acquisition en effet ne peut être faite que par tous les ayants droit réunis. Un seul des copropriétaires ne peut pas plus acquérir une servitude au fonds commun, qu'il ne peut lui en imposer (4).

45. Marcellus fait des applications intéressantes de ce principe dans la loi 3 *De serv. leg.* (5).

Si je lègue à Mœvius un fonds avec droit de passage sur un autre, et que je lègue le même fonds à Titius, et que les deux acceptent, *via cedi Mœvio non potest*, dit Cujas d'après Marcellus, *quoniam pro parte acquiri via non potest*. Si au

---

(1) L. 2. 2, *De verb. oblig.*
(2) L. 4. 3, *Si serv. vind.*
(3) L. 19, *Si serv. vind.*; L. 7. 9, *De dolo malo.*
(4) L. 2, *De serv.*; L. 5, *Com. præd.*
(5) Cujas, *Observ.*, cap. 23.

contraire le colégataire conjoint de Mœvius fait défaut, *viæ legatum valet, quia sic via pro solido acquiritur.*

Je lègue à Mœvius un fonds *pure*, et un droit de passage *sub conditione.* — *Pendente conditione, dies legati inutiliter cessit, quando quidem acquirere viam non potest, qui fundum nundum acquisivit.*

De même, si je lègue à Mœvius une partie du fonds *pure*, à Titius l'autre partie *sub conditione*, et à tous les deux un droit de passage *pure*, — *Pendente conditione inutiliter dies legatæ servitutis cedit, propterea, quod uni ex legatariis, cui pure pars fundi relicta est, pro eâ parte acquiri via non potest.*

Je lègue un droit de passage sur mon fonds aux deux co-propriétaires d'un fonds commun, *via fundo communi acquiritur.* Mais que je lègue le droit de passage *uni ex sociis pure*, *alteri sub conditione*, *si pendente conditione dies cesserit, procul dubio inutiliter cedit, quoniam acquiri via pro parte non potest, et ideo viæ legatum extinguitur.*

46. Cela résulte de la nature même des choses. La servitude, comme nous l'avons déjà dit, est une qualité active ou passive du fonds. Or un fonds ne peut être assujetti pour une part intellectuelle, pas plus qu'un homme ne peut être moitié libre et moitié esclave (1). Ainsi, si l'un des copropriétaires du fonds a seul stipulé une servitude, la stipulation est inutile. Car il ne peut pas acquérir seul la servitude, puisqu'il n'a que partie du fonds, et il ne le peut pas davantage, avec le concours de son communiste, parce que celui-ci n'a pas stipulé.

47. Si donc la servitude ne peut être acquise à un fonds, qu'au moyen de l'accord de tous les propriétaires qui ont stipulé sa constitution, l'exécution de l'obligation, sera sinon impossible, du moins difficile, puisque le refus d'un seul suffit pour empêcher la constitution.

Toutefois, il résulte des derniers termes de la loi 2. 2 *De*

---

(1) De Retes, cap. 11, p. 1, dans Meerman, t. VII.

verb. oblig. que la stipulation n'est pas éteinte par suite de l'impossibilité de constituer le droit. Chaque stipulant peut agir *in solidum* pour réclamer la concession et, à son défaut, des dommages-intérêts, quoique le droit de servitude ne puisse s'acquérir par un seul des copropriétaires ni pour partie ni pour le tout. *Quamvis per unum acquiri servitus non possit* (1).

Certains jurisconsultes avaient pensé que par la mort du stipulant, la stipulation devait s'éteindre; car, d'une part, la servitude ne pouvait pas être constituée sur la portion indivise de chacun des héritiers, et d'autre part chacun d'eux ne pouvait pas acquérir la servitude entière par représentation des autres. N'en devait-il pas dès lors être de ce cas comme de celui où le stipulant aurait aliéné une part indivise de sa propriété avant la constitution du droit, et la stipulation déduite ici en un cas où elle n'aurait pas pu prendre naissance, ne devait-elle pas tomber? *Quidam hoc casu extingui stipulationem putant* (2).

Mais Paul, d'après Pomponius, repousse l'assimilation des deux hypothèses, et nonobstant la contradiction apparente aux règles générales du droit, il décide que la stipulation subsiste. La prestation est à la vérité difficile à obtenir, mais elle n'est pas impossible en elle-même. *Sed non facit inutilem stipulationem difficultas præstationis.* Sans doute, chaque héritier ne peut pas seul acquérir la servitude. Mais il peut faire intervenir ses copropriétaires, et la constitution deviendra possible. C'est pourquoi la stipulation reste valable (3), *non extinguitur stipulatio.* Elle est efficace, et la non-prestation donne lieu à des dommages-intérêts contre le débiteur. Nous verrons plus loin quels sont ces dommages-intérêts.

Telle est l'opinion de Duaren (4) et de Scipio Gentilis (5).

---

(1) L. 4. 3, *Si serv. vind.*
(2) L. 2. 2, *De verb. oblig.* — M. Pellat, *leçon du 14 avril 1853.*
(3) L. 140. 2, *De verb. oblig.*
(4) *Comment. ad. t. De verb. oblig.,* L. 2. 2.
(5) P. 139 *in fine.*

Non inutilis, dit ce dernier, *erit actori stipulatio, quia, licet non possit servitutem acquirere, tamen agendo consequitur a promissore æstimationem servitutis pro sua parte, sive quatenus ipsius interest.*

48. Du reste, si sur l'action d'un des héritiers du stipulant, le défendeur consentait à délivrer la servitude, mais que l'un des cocréanciers ne voulût pas la recevoir, et que par son refus il rendît l'exécution de l'obligation impossible, celui qui empêcherait ainsi la prestation, serait tenu envers les autres de l'action *familiæ erciscundæ*, et au cas où les coïntéressés ne seraient pas des héritiers de l'action *communi dividundo*.

Une décision semblable se trouve dans un autre passage de Paul, où il s'agit d'un légataire, qui a le choix dans un legs de genre, et qui décède en laissant plusieurs héritiers. Le cohéritier qui empêche l'acquisition du legs, en refusant son concours, est passible des dommages-intérêts envers ses cohéritiers (1).

49. Si l'un des copropriétaires ne peut pas acquérir une servitude pour la part qu'il a dans le fonds, parce que la servitude est indivisible, la servitude déjà acquise à un fonds ne périt ni pour le tout ni pour partie, lorsque le propriétaire unique jusqu'alors ne possède plus qu'une partie du fonds; car la servitude est attachée au fonds et non à la personne des propriétaires plus ou moins nombreux. Malgré la division du fonds, elle y demeure fixée. De ce que plusieurs copropriétaires remplacent un propriétaire unique, il n'y a d'ailleurs pas pour cela plusieurs parties de la servitude, mais tous les copropriétaires peuvent l'exercer également.

Une servitude est éteinte par confusion, lorsque la propriété de tout le fonds dominant et de tout le fonds servant repose sur la même tête; mais il n'y a aucune confusion ni partielle ni totale quand le propriétaire du fonds dominant devient simple-

---

(1) L. 25. 17, *Fam. ercisc.*, et L. 40. 1, *De verb. oblig.*, citées par Julius Rubo.

ment copropriétaire du fonds servant, ou réciproquement ; seulement, dans le premier cas, la servitude n'est avantageuse au propriétaire du fonds dominant, et, dans le second, elle n'est onéreuse au propriétaire du fonds servant que dans la mesure de la copropriété qui existe sur le fonds servant ou dominant. De cette manière, la servitude n'est efficace que pour une partie de la propriété. C'est pourquoi si le copropriétaire de l'un des fonds, qui est en même temps le propriétaire unique de l'autre, aliène son droit de copropriété ou sa propriété entière, la servitude n'a pas besoin d'une nouvelle constitution pour reprendre tout son effet à l'égard de toutes les parties du fonds, ce qui n'aurait pas lieu si une partie de la servitude avait été effectivement éteinte. C'est ainsi qu'il faut entendre les termes de Paul : *Acquisita tamen conservatur et pér partem domini*, et non en ce sens que la servitude serait perdue pour la part de l'autre copropriétaire (1).

On peut citer à l'appui de cette explication la loi 34. pr., *De serv. præd. rust.* — *Si duo prædia qui mutuo serviebant, inter eosdem fuerint communicata, quoniam servitutes pro parte retineri placet, ab altero servitus alteri remitti non potest*, etc.

Conséquemment si un fonds est assujetti à deux autres ayant chacun un propriétaire particulier, et qu'il soit acheté par ces deux propriétaires, la servitude subsiste. Si, au contraire, un fonds assujetti à un fonds commun est acheté en commun par les copropriétaires du fonds dominant, la servitude est éteinte, parce que chaque copropriétaire a autant de droit sur un fonds que sur l'autre (2).

50. La règle que *proprio fundo per communem servitus deberi potest*, et le maintien de la servitude dans le cas d'achat d'une copropriété du fonds servant ou dominant, ne sont pas en contradiction avec la loi 26, *De serv. præd. urb.* Dans

---

(1) L. 140. 2, *De verb. oblig.*
(2) L. 27, *De serv. præd. rust.*

ce texte, en effet, Paul décide simplement que dans le cas
d'une chose commune, un copropriétaire ne peut pas acquérir, au profit de sa part, une servitude sur la part de l'autre,
parce que la servitude devant peser sur tout le fonds , chaque
partie du fonds devrait être assujettie à elle-même (1) ; ce serait
absolument comme si une partie intellectuelle d'un homme
devait être l'esclave de l'autre. Il n'en est pas de même dans
le cas où un fonds commun est grevé d'une servitude au profit
du fonds particulier de l'un des communistes. Alors ce n'est
pas une part qui est assujettie à l'autre.

Ainsi s'explique pareillement la décision de Paul, dans la
loi 40, *De serv præd. rust.* Un mur mitoyen est ordinairement
situé entre deux fonds communs. Le *jus luminis immittendi*
peut appartenir à un de ces fonds et par conséquent le mur
mitoyen lui est assujetti. Mais jamais une part intellectuelle
du mur ne peut l'être à une autre part (2).

81. Les obligations qui consistent *in faciendo* sont également indivisibles dans le cas où le fait par sa nature n'est pas
susceptible de prestation partielle (3). Le fait indivisible peut
d'ailleurs être positif ou négatif.

On peut apporter pour exemple de cette indivisibilité, l'o-
bligation de construire une maison, *insulam fabricari,* comme
dit la loi 72, *De verb. oblig.* Je puis, à la vérité, convenir
avec un maçon qu'il me construira pour partie la maison que
j'ai dessein de faire construire, par exemple qu'il en élèvera
les murs jusqu'au premier étage. Mais lorsque je fais marché
avec un architecte de me construire une maison, la construction de la maison, qui est l'objet de l'obligation, est de sa
nature quelque chose d'indivisible, et *quod nullam recipit
partium præstationem.* Il est vrai que cette construction ne
se peut faire que par parties et successivement, mais ce n'est

-----

(1) L. 20, *De serv. præd. urban.*
(2) L. 10, *De serv. præd. urban.*
(3) L. 85, 2, *De verb. oblig.*

pas le fait passager de la construction, qui fait l'objet de l'obligation, c'est l'ouvrage même consommé, *opus perfectum*, c'est
domus construenda dans l'espèce. Il ne peut y avoir de maison, qu'elle n'ait été entièrement construite : comme la forme
propre et la qualité de la maison ne peuvent résulter que de
la consommation de l'ouvrage, et que d'ailleurs il ne peut y
avoir de parties de ce qui n'existe pas encore, il s'ensuit que
l'obligation de construire une maison ne peut s'accomplir que
par la construction entière de la maison, et que conséquemment cette obligation, n'étant pas susceptible de parties, ne
peut s'accomplir par parties. — *Harum enim divisio corrum-
pit stipulationem* (1).

52. Un héritier, dit Gaïus à la loi 80. 1. *ad leg. folcid.*,
a été chargé de construire une œuvre au profit d'une ville,
par exemple des bains ou un théâtre. Un tel legs est indivisible, et le jurisconsulte en donne cette raison : *Neque
enim ullum balneum, aut ullum theatrum fecisse intelligitur,
qui ei propriam formam, quæ ex consummatione contingel,
non dederit* (2).

Par la même raison, il est dit en la loi 85. 2. *De verb. oblig.*,
que l'obligation de la construction d'un ouvrage en général est
indivisible : *singuli heredes in solidum tenentur, quia operis
effectus in partes scindi non potest*.

Opus, dit Dumoulin (3), *fit pro parte realiter et natura-
liter; sed si illud opus fieri referas ad effectum et præstationem ejus quod debetur, tunc verum non erit per partes fieri,
quia parte fabricæ factâ, non est debitor liberatus in eâ
parte; simplex enim fabricatio et operatio transiens non debetur, sed opus effectum, cujus pars non est fabricæ pars;
cum nullæ sint partes domus quæ nondum est, nec sum stipulatus fabricam, sed fieri domum, id est tale opus sub tali*

---

(1) Pothier, n° 252, *Des oblig.*
(2) L. 80. 1, *Ad leg. folcid.*
(3) 3ᵉ pars, n° 76.

formâ consummatum, quod ante perfectionem non subsistit, nec ullas actu partes habet.

On peut encore ici rapporter la loi 5, *De verb. signific*, qui dit que : « *opere locato conducto significari non* ἐργὸν, *id est operationem, sed* ἀποτέλεσμα, *id est ex opere facto corpus aliquod factum.*

53. Lorsque dans l'obligation d'un *facere* indivisible, au cas, par exemple, de la construction d'un édifice, il n'y a qu'un seul débiteur et un seul créancier, comme l'obligation ne peut alors être exécutée pour une partie, il s'ensuit que celui qui aura commencé l'exécution d'une telle obligation sans l'avoir accomplie, celui qui, par exemple, n'aura pas terminé l'édifice, sera censé n'avoir rien fait ; d'où Pomponius tire cette conséquence à la loi 15, *De verb. oblig.*, que si la construction disparaît avant son achèvement par l'effet d'un événement imprévu et inévitable, le débiteur doit recommencer l'œuvre, comme si rien n'eût été exécuté ; seulement un nouveau délai lui sera accordé pour qu'il l'accomplisse dans le temps stipulé (1). Cette décision, prise au titre *De verb. oblig.*, est une conséquence directe de l'indivisibilité de l'obligation, et doit être admise comme règle générale (2).

De même si dans un contrat de vente le propriétaire s'engage, pour un prix déterminé, à élever une maison sur son propre fonds pour la livrer à l'acheteur, et que la maison soit détruite avant son complet achèvement, même par un événement fortuit, rien ne sera dû au vendeur, comme si rien n'eût été fait. En effet, l'achèvement de la maison et sa livraison sont les conditions de la vente, lesquelles faisant défaut, la vente est sans effet comme toute vente d'une chose future, lorsque la chose vendue n'existe pas (3).

54. Lorsque dans la même obligation d'un *facere* il y a

---

(1) L. 15, *De verb. oblig.*
(2) Molitor, n° 215.
(3) Muhlenbruch, *Doct. pand.*, L. 117, n° 10 ; L. 20, *De cont. empt.*; L. 2. 1, *Loc. cond.*

plusieurs créanciers ou plusieurs débiteurs, en règle générale et comme au cas précédent, tant que l'obligation n'est pas entièrement exécutée, elle est censée ne pas l'être. Chaque créancier peut, dans ce cas, poursuivre *in solidum* l'exécution contre le débiteur, et chaque débiteur est tenu *in solidum* d'exécuter cette œuvre. C'est ce que dit Gaïus à la loi 80. 1, relativement au legs d'une chose indivisible : *Quorum omnium legatorum nomine, etsi plures sint heredes, singuli in solidum tenentur.* Celui qui exécute a seulement son recours contre ses codébiteurs, *ut pars impendiorum boni viri arbitratu præstetur* (1).

55. Nous rappellerons comme exemple d'une obligation d'un *non facere* indivisible, la stipulation *per te non fieri quominus mihi ire agere liceat* (2), où l'on ne conçoit pas qu'on puisse en partie manquer à l'obligation et en partie ne pas y manquer. Pour le cas où, dans ces obligations, il y a plusieurs créanciers ou plusieurs débiteurs, nous verrons plus loin quels effets produit la contravention d'un seul débiteur à l'égard d'un seul créancier.

Remarquons, pour le moment, cette différence entre le fait positif et le fait négatif, que dans le cas où l'obligation porte sur un fait positif, celui qui a presté le tout peut toujours exiger de ses codébiteurs un dédommagement proportionnel; au contraire, lorsqu'il s'agit d'un fait négatif, il n'en est plus ainsi. En effet, de ce que l'un des débiteurs ne fait rien contre l'obligation, il ne s'ensuit pas que les autres soient libérés (3).

56. Ainsi, dans l'obligation indivisible, la nature de l'objet s'oppose à une prestation partielle. De là l'impossibilité d'un payement comme d'une libération pour partie; de là pour chaque créancier le droit de demander l'exécution entière et

---

(1) L. 11. 8, *Fam. ercisc.*
(2) L. 2. 5, *De verb. oblig.*
(3) Julius Rubo, *De la div. et de l'ind. des oblig.*

pour chaque débiteur l'obligation de payer la totalité, sauf pour eux ensuite à communiquer aux autres leur part dans la créance ou dans la dette.

L'action d'un seul et contre un seul conserve la créance et interrompt la prescription pour et contre tous (1).

Le jugement qui intervient entre le débiteur et l'un des créanciers, absolutoire ou condamnatoire, étend ses effets à tous les autres. Le jugement qui intervient entre le créancier et l'un des débiteurs vaut pour tous, soit qu'il leur nuise, soit qu'il leur procure l'exception de la chose jugée (2).

Dans les deux cas, toutefois, il faut admettre ce tempérament, que le créancier poursuivant ou le débiteur poursuivi qui colluderait avec son adversaire serait soumis à l'*actio doli* de la part de ses cocréanciers ou codébiteurs.

57. Mais de ce qu'un seul peut réclamer l'exécution pour le tout, de ce qu'un seul peut être poursuivi pour le tout, il ne suit pas qu'un seul puisse disposer de la créance commune ou que remise en puisse être valablement faite à un seul (3).

L'acceptilation et la novation faites par un seul ou à un seul laisseront subsister l'obligation dans son entier. Rien n'empêchera les créanciers d'en poursuivre l'exécution, et les débiteurs resteront obligés pour le tout.

D'une part, en effet, le créancier n'a pas ici mandat pour représenter ses cocréanciers, et d'autre part la remise partielle est impossible, puisque dans une obligation indivisible il ne peut pas y avoir libération pour partie. Dans ce cas, nonobstant la remise partielle, le débiteur ne pourra se libérer que par la prestation du tout.

Quand même, à défaut de l'objet indivisible, le créancier ne demanderait que des dommages-intérêts, la remise partielle ne nous paraît pas devoir profiter au débiteur. Ulpien

---

(1) Pothier, n° 691, *Des oblig.*
(2) L. 13, L. 19, *Si serv. vind.*
(3) Molitor, n° 251 et 255.

dit expressément que l'acceptilation pour partie est sans effet, *nullius momenti. Si id quod in stipulationem deductum est divisionem non recipiat, acceptilatio in partem nullius erit momenti* (1). D'ailleurs, comme nous le verrons bientôt, les dommages-intérêts représentent l'objet originaire de l'obligation et doivent être prestés de la même manière, c'est-à-dire totalement.

CHAPITRE IV.

58. Telles étaient les règles applicables tant que l'objet même de l'obligation indivisible formait la matière de la demande et du payement. Il nous reste à voir ce que l'on doit décider pour le cas où l'obligation originaire n'étant pas exécutée, se trouvait remplacée par une obligation nouvelle aux dommages-intérêts.

§ I. — DES DOMMAGES-INTÉRÊTS.

59. La non-prestation de la chose ou du fait promis donne lieu, au profit du créancier, à des dommages-intérêts auxquels est condamné le débiteur.

Ces dommages-intérêts consistent dans l'évaluation en argent de la prestation convenue, c'est-à-dire dans la compensation pécuniaire du tort qui est causé à l'ayant droit par la non-exécution.

Si l'obligation est divisible, les dommages-intérêts se divisent comme elle. Mais que faut-il décider à cet égard lorsque l'obligation originaire est d'une chose indivisible?

En soi, évidemment la condamnation pécuniaire qui porte sur une somme d'argent parfaitement divisible, sera susceptible de division, de telle sorte que, s'il n'y a qu'un créancier

---

(1) L. 13. 1, *De acceptil.*

et un débiteur, la division pourra s'en faire de l'accord des parties.

60. Mais s'il y a plusieurs débiteurs ou créanciers soit originaires. soit héréditaires, dans quelles limites s'étendra la condamnation aux dommages-intérêts pour défaut d'exécution?

Il ressort des textes (1) que chaque héritier du débiteur qui refuserait d'exécuter, sera condamné à une somme d'argent représentant la totalité de l'intérêt qu'avait le créancier à l'exécution de l'obligation. Au contraire, chaque héritier du créancier obtiendra du débiteur, au cas d'inexécution, des dommages-intérêts en proportion seulement du tort que lui cause l'inexécution, et il en est ainsi, que l'obligation soit d'ailleurs *in dando aut in faciendo* (2).

La loi 2. 2 fait application de ces principes au cas de stipulation d'une servitude, et les lois 2. 5 et 6, 3, 4 pr. au cas de stipulations de faire auxquelles il a été contrevenu.

61. Mais pourquoi dans les diverses hypothèses cette différence entre l'évaluation des dommages-intérêts dus par chaque débiteur et de ceux dus à chaque créancier ?

Cela tient à ce principe général, que l'intérêt est la mesure des actions. Chaque créancier ne peut jamais réclamer que l'équivalent du dommage à lui causé par l'inexécution.

Créancier, par exemple, d'un droit de servitude, j'agis contre l'un des débiteurs qui, vu l'indivisibilité de l'obligation, ne peut exécuter pour partie. L'exécution m'aurait nécessairement procuré la servitude entière. A défaut de sa concession, je dois donc obtenir l'évaluation du tout.

Copropriétaire, au contraire, du fonds dominant, j'agis contre le débiteur en constitution de la servitude. Je n'aurais dû profiter de l'exécution que pour ma part de propriété. Je

____

(1) L. 2 2, 5 et 6; L. 3, L. 4, *Princ. de verb. oblig.*
(2) M. Pellat, *Leçons des 11 et 16 avril 1853.*

n'ai donc droit aux dommages-intérêts que pour l'évaluation de cette part.

C'est ce qui ressort d'ailleurs de la loi 2. 2, *De prætoriis stipulat.* Le montant de l'intérêt du demandeur, *quanti ea res est*, peut être tantôt la valeur de la chose, tantôt une partie de cette valeur ; *quanti interest actoris*, c'est ici dans l'espèce, pour l'un des héritiers du stipulant, une part d'intérêt correspondante au tort qui lui est causé par l'inexécution.

Mais quand un créancier unique agit contre l'un des héritiers du débiteur, l'intérêt qui est de tout le tort causé, comprend l'évaluation de la prestation entière, et c'est ce que doit payer chaque débiteur actionné.

Dans le premier cas, du reste, le créancier qui n'obtient de dommages-intérêts que pour sa part, n'a rien à communiquer à ses cohéritiers.

62. Lors donc qu'il y a plusieurs stipulants, chacun peut réclamer la concession du droit, et s'il ne l'obtient pas, des dommages-intérêts. Nous avons déjà dit que chaque copropriétaire de celui qui actionne, pourra se prévaloir du jugement obtenu pour réclamer, à son tour des dommages-intérêts. Chacun des stipulants y ayant d'ailleurs droit pour sa part de dommage éprouvé, *unicuique in solidum competit actio; sed in æstimationem id quod interest veniet, scilicet quod ejus interest qui experietur. Itaque de jure quidem ipso singuli experientur, et victoria et aliis proderit; æstimatio autem ad id quod ejus interest, revocabitur, quamvis per unum acquiri servitus non possit* (1).

Chaque héritier du stipulant pourra donc agir *in solidum* et séparément. C'est pourquoi il est dit à la loi 25. 9, *Fam. ercisc.*, que l'action qui naît d'une promesse de servitude, n'est pas l'objet d'un *judicium familiæ erciscundæ*, et que dans l'évaluation des dommages-intérêts on aura égard à la part que chaque héritier doit recueillir dans la succession (2).

---

(1) L. 1. 3, *Si serv. vind.*
(2) L. 25. 9, *Fam. ercisc.* — Molitor, n° 212.

Chaque héritier du promettant, dès qu'il est poursuivi, doit à lui seul et *in solidum* tous les dommages-intérêts. Mais il aura son recours contre ses cohéritiers. *Si quis ex heredibus conventus litis œstimationem præstiterit, id pro parte a ceteris consequatur* (1). Ce recours s'exercera par l'action *familiæ erciscundæ* entre cohéritiers, et s'il s'agit de simples codébiteurs, par l'action *communi dividundo*.

63. La même théorie se trouve reproduite à la loi 2. 5 et 6 relativement à la stipulation, *per te non fieri, neque per heredem tuum, quominus mihi ire agere liceat;* que ni vous, ni votre héritier ne m'empêcherez de passer, et à la loi 4. 1, relativement à la stipulation *dolum abesse a te heredeque tuo*, que ni vous ni votre héritier n'agirez avec dol.

Aux deux exemples cités par Paul, Ulpien en ajoute un troisième à la loi 3. 1; mais en définitive, la règle est toujours la même dans tous les cas.

Lorsque, par exemple, un seul des héritiers du créancier a été empêché de passer, les autres ne peuvent pas agir parce qu'ils n'ont pas d'intérêt, à moins, comme nous le verrons plus loin, qu'il n'ait été ajouté une clause pénale à la stipulation. Si au contraire, c'est le créancier qui est empêché de passer, qu'il le soit par un seul des débiteurs, ou par tous, c'est pour lui la même chose, son intérêt est toujours le même. Il a donc dans les deux cas un droit égal aux dommages.

64. Ainsi, quoique les créanciers aient des parts égales dans la créance, le *id quod interest* de l'un peut être plus considérable que celui de l'autre. Chacun doit faire la preuve du dommage qui le concerne. Mais de ce que chaque créancier n'a droit aux dommages-intérêts qu'en proportion de sa part dans la créance, il n'en faut pas conclure que l'action en dommages-intérêts se divise entre plusieurs créanciers, car chacun demande tous ses dommages-intérêts, sans consi-

---

(1) L. 25. 10, *Fam. ercisc.*

dérer si son indemnité est à l'égard de l'indemnité des autres dans le même rapport que les parts dans l'obligation le sont entre elles. Chacun poursuit son intérêt propre en raison de la part qu'il a dans la créance, sans qu'on puisse dire que les dommages-intérêts se divisent : car la créance peut s'être partagée par parties égales, tandis que le dommage causé par l'inexécution peut être plus grand pour l'un que pour l'autre. *Nam quatenus cujus intersit in facto, non in jure consistit.* S'il y a un créancier qui n'ait pas d'intérêt, il n'aura pas d'action en dommages (1).

En sens inverse, s'il y a plusieurs débiteurs, nous avons vu que l'action en dommages-intérêts peut être dirigée contre tous, alors même qu'un seul contrevient ou n'exécute pas. Ici l'intérêt ne se divisant plus, chacun doit le tout; seulement, ceux qui n'ont rien fait contre l'obligation ont leur recours contre celui qui l'a enfreinte (2). C'est ce que dit positivement la loi 85 relativement à la stipulation *per te non fieri, quominus ire agere liceat : — verior est sententia existimantium unius facto omnes teneri, quoniam licet ab uno prohibeor, non tamen in partem prohibeor. Sed ceteri familiæ erciscundæ judicio sarcient damnum* (3).

65. Telle est la doctrine formellement établie par Paul et Ulpien dans les différentes lois précitées. Si celui qui a promis un fait ou une dation indivisible, meurt laissant plusieurs héritiers, le créancier peut agir contre chacun d'eux pour le tout. Cependant, à la loi 72 du même titre *De verb. obligat.*, Ulpien cite une opinion toute différente des jurisconsultes Celsus et Tubéron, qui décident que la condamnation aux dommages-intérêts doit se diviser, parce qu'une somme d'argent est parfaitement divisible (4).

C'est en voulant concilier cette opinion isolée avec les dif-

---

(1) Molitor, n° 216.
(2) L. 25. 10, *Fam. ercisc.*
(3) L. 85. 3, *De verb. oblig.*
(4) L. 72. princ., *De verb. oblig.*

férents textes où le contraire est positivement affirmé, que Dumoulin a singulièrement obscurci la matière. La conciliation cependant paraît assez simple.

Ulpien rapporte à la loi 72, queTubéron, au dire de Celsus, pensait qu'au cas où l'obligation se convertissait en dommages-intérêts, ces dommages-intérêts étant d'une somme d'argent devenaient divisibles : ce qui est directement contraire à l'opinion précédemment émise par Paul et par Ulpien lui-même.

66. S'il était besoin encore d'invoquer de nouveaux textes à l'appui de la doctrine générale de ces jurisconsultes, nous pourrions citer les §§ 9, 10, 11, 12 de la loi 25, *familiæ erciscundæ* où Paul exprime ainsi son opinion :

Par 9. On n'a pas à s'occuper des créances divisibles dans l'action *fam. erciscundæ*, parce qu'elles se partagent de plein droit, *ipso jure*, entre les héritiers. Mais si elles sont indivisibles, seront-elles davantage comprises dans cette action *familiæ erciscundæ?* Non, car alors elles ne peuvent pas se diviser. Chacun des héritiers pourra agir *in solidum*, mais si on arrive à une condamnation, chacun n'obtiendra que le montant de son intérêt.

Par. 10. Relativement aux héritiers du débiteur, il n'y a plus de doute possible. Chacun sera tenu *in solidum* sauf son recours contre ses cohéritiers. Peu importe en effet que chacun ne soit propriétaire que d'une portion du fonds servant : on peut très-bien devoir une servitude sur le fonds d'autrui. — Au contraire on ne peut pas être créancier d'une pareille servitude, et c'est de là que pouvait naître le doute au cas précédent.

Par. 11. La solution est d'ailleurs la même, que la servitude soit établie par stipulation ou par legs.

Par. 12. Si encore il s'agit d'une obligation de faire, par exemple de l'obligation de ne pas empêcher de passer, l'obstacle apporté par un seul des héritiers du débiteur emporte condamnation contre tous, sauf toujours le recours des non-contrevenants, contre celui dont le fait a amené la condamnation. Si du reste l'action n'était pas présentement, encore intentée, le juge pourrait obliger les cohéritiers à se donner mutuellement caution, que celui dont le fait préjudicierait aux autres, les indemniserait.

67. A tous ces textes réunis, on n'oppose que la loi 72. Nous avons déjà eu occasion de dire que les exemples cités à cette loi ne laissaient pas que d'être suspects. En tout cas la conciliation est possible. Si dans la loi 72, Ulpien semble contredire sa propre doctrine, c'est qu'on n'a pas remarqué qu'il se contentait ici de rapporter l'opinion ancienne du jurisconsulte Tubéron, sans même dire que Celsus la partageât. Lui-même ne l'admet pas comme le prouvent surabondamment les textes antérieurement cités, et son opinion contraire, qui est aussi celle de Paul, a pleinement prévalu dans le droit romain (1).

§ II. — DE LA CLAUSE PÉNALE.

68. Au lieu de laisser au juge l'appréciation des dommages-intérêts, les parties peuvent en fixer elles-mêmes le chiffre à l'avance, en ajoutant à l'obligation principale la stipulation d'une peine pour le cas d'inexécution.

69. La clause pénale est une obligation accessoire par laquelle le débiteur s'engage à une prestation déterminée pour le cas, où il manquerait à sa promesse. C'est un règlement anticipé des dommages-intérêts destiné à prévenir toute contestation sur leur montant, *ne quantitas æstimationis in incerto sit.* La peine est en général pécuniaire, mais elle ne consiste pas nécessairement en argent (2), et une autre chose pourrait même être l'objet d'une clause pénale ajoutée à l'obligation d'une somme d'argent (3).

---

(1) M. Pellat, *leçon du 19 avril 1853.*
(2) L. 11. 2, *De receptis qui arb.*
(3) L. 25. 13, *Fam. ercisc.*

La peine était surtout ajoutée aux obligations d'un *facere* ou d'un *non facere*, dans lesquelles la preuve exacte du dommage éprouvé au cas d'inexécution, était souvent difficile à cause de *l'incertum* du fait. La peine dans ce cas garantissait au créancier un dédommagement complet. Elle n'était pas non plus inutile dans les obligations de prester un objet bien déterminé, *certam rem*, parce que sans cette clause, le créancier alors ne pouvait en général demander au cas d'inexécution que *l'æstimatio rei* et non le *id quod interest* (1). Aussi la clause pénale était-elle à Rome d'un usage fréquent.

Lorsqu'une peine a été stipulée, l'objet primitif de l'obligation n'est plus *in obligatione*, il est seulement *in solutione*. Il demeure bien toujours un objet de payement, et le débiteur se libère par la prestation qu'il en peut faire. Mais si l'on vient en justice, le créancier ne demande que la peine, et comme elle est en général divisible, le montant de la condamnation se divisera alors, tant à l'égard des créanciers que des débiteurs.

La peine, en définitive, est l'objet d'une obligation accessoire due sous la condition que l'obligation principale ne sera pas accomplie.

Nous avons à rechercher ici quels effets produira la clause pénale dans les obligations divisibles et indivisibles, soit qu'il y ait un seul créancier ou débiteur, soit qu'il y en ait plusieurs.

70. Dans l'hypothèse où il n'y a qu'un seul débiteur et un seul créancier, la loi 9, *Si quis caution. in jud.*, est ainsi conçue : Quelqu'un promet de faire ester *in judicio* un certain nombre d'esclaves, et ces esclaves se présentent en justice, à l'exception d'un seul. A la rigueur, dit le jurisconsulte, toute la peine est due, parce que tous ne se sont pas présentés; mais il ajoute : *Si pro ratâ unius offeratur pœna, exceptione doli usurum eum qui ex stipulatione unius convenitur* (2). Le débiteur pourra opposer au demandeur l'*exceptio*

---

(1) Julius Rubo, *Des oblig. dir. et ind.*
(2) L. 9, *Si quis caution. in jud.*

doli, qui repose toujours sur une appréciation de fait, et est, avant tout, une question d'équité. Ainsi, par exemple, si le créancier a volontairement reçu une partie de la dette, conformément à la décision d'Ulpien, bien que, selon la subtilité du droit, il pût paraître que la peine doit être encourue pour le total ; néanmoins il est équitable qu'elle ne le soit qu'en proportion de la part qui reste à acquitter dans l'obligation principale.

Dumoulin (1) en donne cette raison, que la peine étant censée promise pour le dédommagement de l'inexécution de l'obligation principale, le créancier ne peut pas recevoir l'un et l'autre. Lors donc qu'il a été payé pour une partie de l'obligation principale, il ne peut plus recevoir la peine pour cette partie ; autrement il recevrait l'un et l'autre, ce qui ne se doit pas.

71. Ce principe, que la peine n'est due qu'à proportion et pour la part pour laquelle l'obligation principale n'est pas exécutée, a également lieu, soit que vous vous soyez engagé à une telle peine au cas où vous feriez telle chose, soit que vous l'ayez promise au cas qu'un tiers ferait une telle chose ; par exemple, si vous vous êtes fait fort, sous peine de me payer *cent*, que Pierre ne revendiquerait pas sur moi un certain héritage, la peine sera due seulement pour la moitié, si Pierre ne le revendique que pour la moitié, à moins qu'il n'apparût d'une intention contraire des parties.

C'est, en effet, l'intention formellement exprimée des parties, qui a fait décider le contraire de ce que nous venons de dire, dans l'espèce suivante posée à la loi 47, *De act. empti et venditi*. Titius avait vendu des matériaux, et il avait promis une peine, pour le cas où ces matériaux n'auraient pas été livrés tous dans un temps déterminé : *ita ut si non integras repræstaverit intra statuta tempora, pœna conveniatur*. Titius meurt, les matériaux n'ont pas été livrés tous en temps

____

(1) 3ᵉ pars, nᵒ 112.

utile, et la loi décide que toute la peine sera due. Mais pourquoi le décide-t-elle ainsi? Évidemment parce que la peine avait été stipulée pour le cas où, dans un certain délai, on ne livrerait pas tous les matériaux (*Integras*)(1).

72. Si maintenant nous passons à l'hypothèse où il y a plusieurs créanciers ou plusieurs débiteurs, nous trouvons dans les textes les solutions suivantes.

La peine est encourue du moment qu'il est contrevenu à l'obligation vis-à-vis d'un seul des héritiers du créancier, et elle l'est au profit de tous, à la différence du cas où il s'agit de simples dommages-intérêts. Dans ce dernier cas, en effet, le seul *prohibitus* a une action en droit, parce que les autres n'ont pas d'intérêt. S'il en est autrement au cas où une clause pénale a été stipulée, c'est qu'ici, dans la rigueur du droit, on ne s'occupe plus de la question d'intérêt. *Nam pœna subjecta efficit ut omnibus committatur, quia*, dit Ulpien à la loi 3, *hic non quœrimus cujus intersit* (2). La peine stipulée constitue dans ce cas un intérêt suffisant pour que le droit donne une action à chaque créancier. Chacun pourra donc agir pour sa part; mais même dans ce cas, ajoute immédiatement Paul à la loi 2. 6, l'équité s'oppose à ce que les héritiers non empêchés puissent utilement intenter leur action. Le seul *prohibitus* agira donc utilement, et les autres seront repoussés par l'exception de dol. *Sed qui non sunt prohibiti, doli mali exceptione summovebuntur* (3).

73. La peine est encourue par la contravention d'un seul des héritiers du promettant : le sera-t-elle pour le tout ou seulement pour la part du contrevenant?

Elle le sera par tous et pour le tout, s'il s'agit d'un fait indivisible, par exemple dans la promesse de laisser passer. Dès qu'un seul des héritiers du promettant m'empêche de passer,

---

(1) L. 47, *De act. emp. et vend.*
(2) L. 3, *De verb. oblig.*
(3) L. 26, *De verb. oblig.*; M. Pellat, *Leçon du 16 avril 1853.*

c'est pour moi comme si tous m'avaient empêché. Chacun devra la peine pour sa part. Ici en effet, la résistance d'un seul me prive de tout mon émolument, et d'un autre côté le montant de la condamnation pécuniaire se divise. Les non-contrevenants gardent d'ailleurs leur recours contre celui qui, par sa contravention, a donné lieu à la peine.

Le contraire de ce que nous venons de dire a lieu dans la stipulation que vous ne me demanderez pas ce que mon père vous a promis (*amplius non agi*); si l'un des héritiers du débiteur agit, il n'encourt la peine que pour sa part. Comme le fait est ici parfaitement divisible, chaque héritier ne contrevient à la promesse que pour sa part et n'a pu, par conséquent, me causer de dommage que dans la limite de cette part.

74. C'est en effet la raison de différence telle que la rapporte Paul d'après Caton, en la loi 4. 1, *De verb. oblig.* Quand la chose ou le fait promis est indivisible, on ne peut contrevenir à l'obligation que pour la totalité. Mais dans la stipulation *amplius non agi*, comme dans celle *ratum habiturum*, citées au texte, le fait promis est divisible. Refuser de ratifier, c'est se réserver le droit d'agir. Or chaque héritier ne peut agir que pour sa part héréditaire. Le fait est donc divisible : chaque héritier n'y contrevient que pour sa part, et la condamnation se divise à l'égard des hériters soit du promettant, soit du stipulant (1).

75. Toutefois, la loi 5. 4, *De verb. oblig.* paraît contraire à cette décision de Caton. Il y est décidé que lorsque l'un des héritiers a satisfait à l'obligation pour la part dont il était tenu, il ne laisse pas d'encourir la peine, si son cohéritier n'y satisfait pas pareillement ; sauf son recours contre ce cohéritier, qui a fait encourir la peine en ne satisfaisant pas de sa part à l'obligation. Il s'agit cependant dans ce texte de la promesse d'un

---

(1) L. 4. 1, *De verb. oblig.*

capital, si sortem promiseris, qui de sa nature est parfaitement divisible.

Les interprètes, tant anciens que modernes, se sont efforcés de concilier ces deux textes Dumoulin rapporte différentes conciliations des anciens interprètes qu'il réfute toutes.

Il faut s'en tenir à celles de Cujas et de Dumoulin (1), qu'on doit réunir en une pour dire : lorsque l'intention des parties, en ajoutant la clause pénale, a été simplement d'assurer l'exécution de l'obligation, et non d'empêcher que le payement ne pût en être fait partiellement par les différents héritiers du débiteur, en ce cas la décision de Caton doit avoir lieu : celui des héritiers du débiteur qui contrevient à l'obligation doit seul encourir la peine et pour la part seulement dont il est héritier. Le fait rapporté dans l'espèce de la loi 4. 1, *Amplius non agi*, est un de ces faits tout à fait divisibles, et qui, par la nature des choses, ne peuvent être accomplis par chacun des héritiers de celui qui a contracté l'engagement que pour la part dont il est héritier, comme nous l'avons établi précédemment (2).

Lorsqu'au contraire l'obligation est à la vérité divisible en soi et de sa nature, mais que l'intention des parties, en ajoutant une clause pénale, a été que le payement ne pût se faire que pour le total et non par parties, alors chacun des héritiers, en satisfaisant pour sa part à l'obligation primitive, n'évitera pas d'encourir la peine, et c'est à ce cas qu'on doit restreindre la loi 5. 4, laquelle se concilie de la sorte avec la la loi 4. 1. Dans l'espèce de la loi 5. 4, la peine entière est stipulée, comme réparation du tort causé, pour le cas d'exécution incomplète et non pour l'inexécution seule. C'est pourquoi le créancier doit alors recevoir le principal et la peine.

Nous verrons plus loin comment cette conciliation de Dumoulin a donné naissance à une disposition particulière de notre droit (3).

---

(1) 1ª pars, nᵒˢ 62 et suiv.
(2) Pothier, nᵒ 359, *Des oblig.*
(3) Art. 1233. 2, du *Code Nap.*

76. La loi 85. 6, est également dans l'espèce d'une obligation à la vérité divisible de sa nature, mais dont le payement dans l'intention des parties doit être fait indivisément. Il est dit dans l'espèce de cette stipulation : *Si fundus titianus datus non erit, centum dari; nisi totus detur, pœna committitur centum : nec prodest partes fundi dare, cessante uno, quemadmodum nec prodest ad liberandum pignus partes creditori solvere.* Quoique l'obligation de donner *fundum titianum* soit une obligation divisible de sa nature, cependant cette obligation est ici considérée comme indivisible relativement aux héritiers du débiteur; le créancier ayant intérêt de n'avoir pas le fonds titien pour partie, n'a entendu l'acquérir que pour le total : aussi les *cent* sont dus, du moment que le fonds entier n'a pas été donné, quand bien même une partie l'eût été (1).

77. Il était d'usage à Rome, en matière de vente, de stipuler le double pour le cas d'éviction. Cette obligation comprenait, de la part du vendeur, la promesse de venir défendre le stipulant contre toute revendication, et s'il n'y réussissait pas, de restituer le double. Le *duplum*, dans ce cas, était une véritable peine, à laquelle sont applicables les règles précédentes.

Chaque héritier du stipulant agira pour sa part seulement, puisqu'il ne peut jamais être évincé que pour cette part. A la rigueur, l'éviction d'un seul devrait donner lieu à la restitution entière. Mais l'équité a fait admettre le contraire. *Hœc utilitatis causa ex parte stipulatorum recepta sunt* (2).

78. Il en est de même, dit Paul, de la *stipulatio fructuaria*, c'est-à-dire de la promesse que faisait l'usufruitier de jouir en bon père de famille. Supposons plusieurs héritiers du stipulant; l'usufruitier contrevient à la promesse à l'égard de

---

(1) L. 85. 6, *De verb. oblig.*
(2) L. 1. 2, *De verb. oblig.*

l'un d'eux : celui-là seul aura action et pour sa part seulement.

Il en est de même encore, ajoute Paul, des stipulations *damni infecti*, *et ex operis novi nuntiatione*, quoiqu'une nouvelle œuvre ne puisse être restituée pour partie.

Du côté du promettant, au contraire, ni la restitution ni la défense ne peuvent jamais avoir lieu pour partie (1). L'acheteur poursuivi doit dénoncer la poursuite au vendeur ou à tous ses héritiers, auquel cas chacun d'eux doit venir le défendre, et on considère la défense comme ne pouvant avoir lieu que pour le tout. Un seul y manquant, tous seront tenus de la contravention, mais chacun ne sera condamné à la restitution que pour sa part. *Sed unicuique pro parte hereditaria præstatio injungitur* (2).

79. Il en est de l'hypothèque comme nous venons de voir qu'il en était de la clause pénale et de la *stipulatio dupli*; elle subsiste entière tant que subsiste une partie de la dette. *Quemadmodum ad liberandum pignus non prodest partes creditori solvere* (3).

Toutefois l'hypothèque n'est pas indivisible en ce sens, qu'on ne pourrait l'établir à raison de la portion indivise que l'on a dans le bien hypothéqué. Copropriétaire d'un bien, je puis consentir sur ma portion indivise une hypothèque qui, à Rome, continuait même après le partage d'affecter la chose, *pro indiviso* : je puis par un même acte concéder hypothèque à deux créanciers, chacun pour moitié sur une seule et même chose. Les créanciers pourront vendre chacun la moitié de la chose hypothéquée pour se payer du prix. Un créancier peut aussi demander la constitution de l'hypothèque pour une partie seulement de la créance, comme il peut faire remise de cette hypothèque à raison d'une portion indivise de la chose

---

(1) L. 4. 2, *De verb. oblig.*, *in fine*.
(2) L. 85. 5, *De verb. oblig.*
(3) L. 85. 6, *De verb. oblig.*

hypothéquée. De même, le débiteur qui a constitué l'hypothèque pour une partie de la dette, s'est libéré pour une partie
de l'obligation accessoire : s'il la constitue ensuite pour le
restant, l'obligation accessoire sera remplie en entier, et s'il
paye ce restant, elle sera éteinte pour cette partie (1).

Mais il ne faudrait pas dire que si le débiteur acquitte une
partie de l'obligation principale, l'hypothèque pour le restant
ne doit être constituée que sur une partie proportionnelle de
l'objet hypothéqué. L'hypothèque, en effet, ne peut pas plus
qu'une servitude être restreinte sur une partie de la chose. Si
une partie de la dette principale est acquittée, le débiteur sera
à la vérité libéré d'une partie de son obligation de constituer
l'hypothèque, mais l'objet hypothéqué demeurera tout entier
affecté au droit de gage : il restera indivisé, *propter indivi-
sam pignoris causam* (2).

Ainsi considérée en elle-même et dans l'effet qu'elle produit, l'hypothèque est un droit divisible; mais mise en rapport
avec la libération du débiteur, l'hypothèque est indivisible.
Si donc le débiteur s'est libéré pour une partie de la dette,
soit que différents termes de payement aient été stipulés, soit
que le créancier ait bien voulu recevoir des payements partiels, le bien hypothéqué n'est point dégrevé de l'hypothèque
pour les quotes-parts éteintes de la dette, à moins du consentement spécial du créancier. De là cette conséquence que si la
dette se divise entre plusieurs héritiers, chaque héritier peut
bien se libérer en payant séparément sa part de la dette pro-
portionnée à sa part héréditaire, mais que la chose hypothéquée n'est dégrevée pour aucune part, tant que toutes les
parts ne sont pas payées et qu'ainsi une fraction quelconque
de la dette subsiste.

L'indivision de l'hypothèque n'empêche pas d'ailleurs la
division entre plusieurs créanciers ou débiteurs de l'obligation

---

(1) Molitor, n° 283.
(2) L. 65, *De evicti.*

principale, si l'objet de celle-ci est divisible. Si l'un des débiteurs paye toute la dette pour délivrer l'objet engagé, il aura
son recours contre ses codébiteurs.

80. Avant d'abandonner ce qui se rapporte à la clause
pénale, nous devons placer ici l'explication du dernier paragraphe de la loi 85, *De verb. oblig.*, ainsi conçu : *Quicumque
sub conditione obligatus curaverit ne conditio existeret, nihilo-
minus obligatur* (1).

L'interprétation vulgaire rattache ce texte à la loi 24, *De
condit. et demonst.*, et à la loi 161, *De regul. juris*. Elle lui
donne le sens de la règle reproduite par l'art. 1178 du Code
Napoléon. — La condition est réputée accomplie, lorsque
c'est le débiteur obligé sous cette condition qui en a empêché
l'accomplissement.

Si tel est le sens de notre texte, on ne peut se rendre compte
de la place qu'il occupe.

Nous sommes portés à croire qu'il s'agit d'une condition
dont l'accomplissement est au pouvoir du débiteur. Quand
même le débiteur ferait tous ses efforts pour que son obligation ne se réalisât pas, s'il ne parvient pas à empêcher l'accomplissement de la condition, il n'en demeure pas moins
obligé.

Cette interprétation s'accorde bien avec ce qui précède.
Effectivement on vient de parler d'une obligation avec clause
pénale où toute la peine est due, si l'obligation principale n'est
pas entièrement remplie; en d'autres termes, le non-accom-
plissement de l'obligation principale est ici la condition de la
peine. L'objet primitif de l'obligation, comme nous l'avons déjà
remarqué, est *in conditione*, la peine *in obligatione*. Or la condition étant ici indivisible dans l'intention des contractants,
ne peut pas être en partie exécutée, en partie non exécutée.
Ainsi le codébiteur qui a payé sa part de la dette principale
n'a pas empêché que la condition de la peine ne fût réalisée,

---

(1) L. 85. 1, *De verb. oblig.*

et il sera tenu, quoique, en ce qui le concerne, il ait exécuté l'obligation principale (1).

CHAPITRE V.

OBLIGATIONS GÉNÉRIQUES ET ALTERNATIVES.

81. Nous avons déjà dit un mot en passant d'une espèce particulière d'obligations que la loi 2. § 1, *De verb. oblig.*, semble placer dans sa classification à côté et en dehors des obligations soit divisibles, soit indivisibles de leur nature.

« *Quædam stipulationes*, dit Paul en parlant des obligations génériques, *partis quidem dationem natura recipiunt; sed nisi tota dantur, stipulationi satis non fit, veluti cum hominem generaliter stipulor, aut lancem, aut quodlibet vas.* » Et à la fin du même paragraphe le jurisconsulte ajoute que cette décision s'applique aussi à l'obligation alternative. « *Ejusdem conditionis est hæc stipulatio Stichum aut Pamphilum dari (2).* »

Ce texte, qui suppose ce qu'il faut toujours admettre, à moins de convention contraire, que le choix est laissé au débiteur, détermine bien les caractères des obligations génériques et alternatives. En général ces obligations sont divisibles par leur objet, mais n'admettent cependant pas de payement partiel lorsque le débiteur a le choix, parce que la forme du contrat s'y oppose.

82. Nous avons vu que dans toute obligation même divisible, où il n'y a qu'un seul créancier et un seul débiteur, le payement doit, à la vérité, se faire en une fois, à moins que les parties, expressément ou tacitement, ne conviennent du contraire. Mais lorsque je dois Stichus, et que je livre au créan-

---

(1) Julius Rubo, *De la dir. et de l'ind. des oblig.*
(2) L. 2. 1, *De verb. oblig.*

cier, qui accepte, la moitié de Stichus, je suis libéré pour cette part (1) ; décision qui s'applique d'ailleurs à l'obligation de toute chose déterminée, d'une *quantitas* ou d'une *species*.

Mais en serait-il de même d'une obligation indéterminée, s'il s'agissait, par exemple, d'un esclave *in genere*, ou de l'alternative de donner Stichus ou Pamphilus? Si devant *l'un ou l'autre* je payais au créancier la moitié de Stichus, y aurait-il extinction de la dette pour moitié? La loi 2. 1, *De verb. oblig.*, résout la question négativement.

En effet, s'il y avait extinction partielle, il s'ensuivrait que le débiteur n'ayant perdu son choix que pour la moitié livrée, pourrait complétement se libérer en payant la moitié de Pamphilus, c'est-à-dire que le créancier, au lieu d'avoir l'un ou l'autre esclave, devrait recevoir la moitié de chacun, ce qui serait contraire au contrat.

C'est pourquoi l'obligation alternative entre un seul débiteur et un seul créancier, lorsque le débiteur a le choix, est indivisible, soit quant à la demande, soit quant au payement, c'est-à-dire que le créancier ne peut demander, ni le débiteur faire un payement partiel, de telle manière qu'il y ait extinction partielle de la dette. Le créancier doit diriger sa demande sur tous les objets qui sont compris dans l'obligation ; s'il n'en demandait qu'un seul, il serait dans le cas de la plus-pétition (2). Mais le débiteur se libère par la livraison de l'un des objets (3). Ainsi, au moment où l'action est exercée, le créancier ne sait pas encore lequel des objets compris sous l'alternative lui sera payé.

83. Il résulte de là que, par la livraison d'une partie de l'un ou de l'autre des objets, l'obligation n'est pas acquittée pour partie (4). Autrement il faudrait dire que le créancier peut demander la partie restante du même objet, ou que le

---

(1) L. 9. 1, *De solut. et libera.*
(2) *Instituts*, § 33, *De actio.*
(3) L. 11. 3, *De oblig. et act.*
(4) L. 26. 13, *De cond. inde.*

débiteur peut donner une partie de l'autre, ce qui est tout à fait contraire à la nature de l'obligation alternative. Si donc j'ai promis Stichus ou Pamphilus, tant que je n'ai transmis que la propriété de la moitié de l'un, il n'y a pas de payement véritable. *Nondum in ulla parte stipulationis liberatio nata est*, dit Paul à la loi précitée (1). Et l'on peut conclure de ce qui précède, que si l'objet d'une pareille obligation est livré en partie, cette prestation partielle n'opérant aucune libération, donne lieu à une répétition de la part du débiteur. Si le débiteur n'exerce pas d'abord la condiction, il peut se faire qu'il paye ensuite le montant de la même chose, ou qu'il paye une autre chose parmi celles qu'il peut choisir. Dans le premier cas, la condiction cesse; dans le second, elle subsiste. « *Sed aut statim repeti potest, aut in pendenti est donec alius detur* (2). »

Toutefois, le débiteur ne peut répéter la moitié payée qu'en donnant l'autre *species* pour le tout, car ce n'est que par ce second payement que la première dation constitue un *indebitum* (3). Aussi Doneau (4), Scipio Gentilis (5), Dumoulin (6), n'accordent l'action en répétition qu'autant que le débiteur a payé une autre chose, et ils se fondent à cet égard sur la loi 26. 13, *De cond. ind.*, où Ulpien décide que, dans une obligation alternative, il n'y a pas lieu à la condiction *indebiti*, parce que *quinque* dans l'espèce où *decem* était dû sous alternative, n'est pas à proprement parler *indebitum* (7).

84. Tout ce que nous venons de dire relativement à l'obligation alternative s'appliquerait également à l'obligation générique (8).

---

(1) L. 2. 1, *De verb. oblig.*
(2) L. 2. 1, *De verb. oblig.*
(3) Pothier, *Ad. pand.*, liv. 45, part. 13, n° 6.
(4) *Ad leg.* 2, p. 11, *De verb. oblig.*
(5) T. 1, cap. 7.
(6) *De div. et ind.*, p. 1, n° 8.
(7) L. 26. 13, *De cond. ind.*
(8) L. 13. 1, *De accepti.*

Dans ce cas, le débiteur a le choix de payer l'un des divers objets qui composent le genre, et le créancier doit diriger son action sur tout le genre pour éviter la plus-pétition. Il y a mêmes raisons de décider que précédemment.

Ainsi, dans l'obligation alternative ou générique au choix du débiteur, s'il y a impossibilité de payement partiel, c'est que la division entraînerait l'inconvénient, soit de la plus-pétition, soit du payement en plusieurs parties de différentes choses. Il n'en est plus de même lorsqu'il s'agit de la remise partielle. Si donc une partie d'une pareille obligation a été remise, le créancier pourra demander d'une manière alternative ou générale la partie encore due, par exemple la moitié d'une certaine somme ou la moitié de Stichus, et le débiteur aura toujours le choix. Le payement ne pourra plus être fait que d'une seule et même chose, et non en différentes choses, puisque la première partie n'aura pas été payée, mais remise. Aussi une partie d'une telle obligation peut faire la matière d'une acceptilation (1).

85. Mais si le créancier s'est réservé le choix, l'obligation alternative ou générique entre un seul débiteur et un seul créancier devient tout à fait divisible ; car alors l'obligation se concentre sur la chose choisie par le créancier, chose que nous supposons d'ailleurs divisible de sa nature ; et ce créancier ne peut pas demander le payement même partiel, sans exercer son choix, c'est-à-dire sans faire de l'obligation générique ou alternative une obligation d'un corps certain, par là même divisible. S'il a reçu une partie de l'objet choisi, il ne peut plus demander que la partie restante du même objet (2).

86. Il en était dans l'ancien droit romain de l'obligation *ex testamento* comme de la stipulation : le *legatum damnationis* de genre ou alternatif laissait le choix à l'héritier dé-

---

(1) L. 19, *De accepti.*
(2) L. 17, *in fine, rem ratam hab.*; L. 17, *De oblig. et act.*; L. 125, *De reg. juris; Scipio Gentilis*, cap. 7, *in fine.*

biteur. Mais depuis que le légataire a pu agir par une action réelle aussi bien que par l'action personnelle, il en a dû être autrement, à moins que le testateur n'eût expressément réservé le choix à l'héritier.

Dans l'obligation résultant de ce qu'un créancier a reçu sans cause deux objets qui n'étaient dus que sous l'alternative, Ulpien accordait à ce créancier, maintenant débiteur en restitution de l'indû, la faculté de choisir (1); mais Julien et Papinien l'accordaient au contraire à celui qui avait trop payé, et Justinien a donné la préférence à cette opinion (2).

87. Nous passons au cas où dans une obligation soit alternative, soit générique, il y a plusieurs créanciers ou débiteurs.

Lorsque les débiteurs ont le choix, ils doivent s'accorder sur ce choix et s'entendre pour payer ensemble la même chose. S'il était permis que chacun payât séparément sa part, il pourrait encore en résulter que le créancier reçût, au lieu de l'une ou de l'autre des choses promises, des parts de l'une et de l'autre. D'un autre côté, si l'un des débiteurs payait seul le tout, les autres seraient privés du choix.

S'il y a plusieurs héritiers du créancier, ils pourront à la vérité et devront même former leur demande, chacun pour sa part ; mais dans ce cas encore, le débiteur ou les héritiers du débiteur ne pourraient pas non plus se libérer, en donnant à l'un une partie d'une chose, et à l'autre une partie d'une autre chose ; car ce serait contraire à l'intention des contractants (3).

88. La demande est donc ici divisible tant entre les créanciers que contre les débiteurs ; mais le payement ne peut se faire qu'indivisément, ce qui a fait dire à Paul à la loi 85. 4, *De verb. oblig.* : *Pro parte peti, solvi autem nisi totum non potest* (4).

---

(1) L. 26. 13, *in fine, de cond. indeb.*
(2) L. 10. au Code, *De cond. indeb.*
(3) L. 26. 14, *De cond. ind.*
(4) L. 85. 4, *De verb. oblig.*

Supposons, par exemple, une obligation alternative d'un esclave déterminé ou d'une somme d'argent au choix du débiteur. S'il y a plusieurs créanciers, l'un d'eux ne peut pas demander la moitié de l'un des objets déterminément, ni alternativement la totalité de l'esclave ou la totalité de la somme. Il encourrait la peine de la plus-pétition *causa* dans le premier cas, et *re* dans le second (1). Il ne peut donc agir que d'une manière alternative et *pro rata*; mais l'acquittement de l'obligation doit avoir lieu *in solidum*. Autrement l'un des débiteurs pourrait donner la moitié de l'esclave et l'autre la moitié de la somme; et de cette manière on payerait autre chose que ce qui fait l'objet de l'obligation.

89. Les textes qui sont le siège de cette matière sont les lois 2. 1 et 2, *De verb. oblig.*; 85. 4, *De verb. oblig.*, et aussi les lois 26. 14, *De cond. indeb.*, et 34. 1, *De solut.* Il résulte de ces textes que les codébiteurs doivent s'entendre pour payer l'un des objets compris sous l'alternative ou dans le genre. S'ils ne s'entendent pas, un seul ne peut se libérer qu'en payant la totalité. Mais celui des cohéritiers ou codébiteurs qui a payé le tout, a son recours contre les autres par l'action *negotiorum gestorum* (2). En payant le tout, il a fait leurs affaires, et il les a enrichis de la valeur de leurs portions dans la dette. Ils lui doivent donc tenir compte de ce dont ils se sont ainsi enrichis à ses dépens.

90. Dans la loi 2. 2, Paul donne pour fondement aux règles précédentes la raison suivante : « *Non enim ex persona heredum conditio obligationis immutatur* (3). »

Lorsqu'il s'agit d'une obligation de corps certain, la division de la dette entre plusieurs héritiers n'altère pas la substance de l'obligation (*conditio obligationis*). Dès que chaque

---

(1) *Instituts*, § 33, *De act.*
(2) L. 3. au Code, *De neg. gestis.*
(3, L. 2. 2, *De verb. oblig.*

héritier paye sa part, le créancier reçoit identiquement ce
que le défunt était obligé de prester; les autres, en effet, ne
peuvent s'acquitter qu'en livrant leur part de la même chose
précisement déterminée dans la convention. — La question
de savoir si chacun des héritiers séparément est solvable ne
tient pas à l'essence de l'obligation : la solvabilité de l'auteur
pouvait être également douteuse. Le créancier a d'ailleurs le
droit d'exiger de chaque héritier, aussitôt après l'immixtion,
l'accomplissement de l'obligation : si l'obligation est conditionnelle ou à terme, et que l'insolvabilité soit à craindre, il
peut demander une caution (1).

Mais si l'obligation est alternative ou de genre, la division
de la dette entre plusieurs héritiers altère sa substance, c'est-
à-dire sa forme et son objet : car si l'un d'eux a payé sa part,
l'autre est dans la nécessité de payer le restant de la même
chose, ou s'il a encore le choix, il pourra payer une partie
d'une chose différente; or le débiteur n'eût pas pu se libérer
en donnant des parties indivises d'esclaves différents : ses héritiers ne le peuvent pas davantage.

01. Si le payement d'une obligation alternative ou de genre
ne souffre aucune division, il n'y a aucune raison d'empêcher
la remise partielle; alors, en effet, il ne p ut y avoir payement
de parties de choses différentes; car la partie remise n'ayant
été ni exigée ni payée ne pourrait constituer avec la partie
non remise le payement de parties de choses différentes. Le
créancier n'est donc plus exposé à recevoir diverses parties indivises de plusieurs choses.

Pareillement, lorsque le créancier agit contre l'un des débiteurs, et que sur son refus de payer, il le fait condamner
aux dommages-intérêts pour sa part, les autres ne devront
plus que la part de dette qui les concerne, et si cette part est
payée, l'obligation sera remplie.

---

(1) L. 31, *De reb. auct. jud.;* Cujas, *Observ.,* L. 18, cap. 39.

Si donc il n'y a que deux héritiers du promettant, après la condamnation de l'un, l'autre se libérera en donnant moitié d'un objet quelconque du genre ou de l'alternative stipulés. Ici, en effet, le créancier n'a plus droit qu'à une seule moitié, et dès lors il n'est plus exposé à recevoir moitié de deux choses différentes

Il en serait ainsi également au cas où le premier débiteur actionné aurait été absous. Pothier (1) n'entend même le texte que de ce second cas ; mais il y a même raison de l'appliquer au cas de condamnation, du temps au moins que la condamnation était toujours pécuniaire à Rome (2).

Tout cela est dit à la loi 2. 3, *De verb. oblig.* : « *Si tamen hominem stipulatus cum uno ex heredibus promissoris egero, pars dumtaxat ceterorum obligationi supererit, ut et solvi potest. Idemque est si uni ex heredibus accepto latum sit.* »

Le mot *egero* au futur passé indique que le procès est terminé ; autrement Paul aurait dit *ago.*

92. Lorsque dans une obligation alternative ou générique les créanciers ont le choix, ils ne peuvent pas agir séparément ni pour leur part, ni pour le tout. En effet, si quelques-uns agissaient pour le tout, les autres seraient privés du choix ; si pour leur part seulement, les autres pourraient différer entre eux dans le choix, et exiger ainsi du débiteur, au lieu de l'une ou de l'autre chose, des parts de choses différentes. Comme telle n'était pas l'intention des contractants, il a fallu exiger que toutes les parties agissent ensemble, ou qu'une seule agît au nom de toutes. C'est pourquoi la loi 25. 17, *Familiæ erciscundæ*, prévoyant le cas où l'un des créanciers, par son refus de se joindre aux autres, empêcherait l'exécution de l'obligation, le déclare passible des dommages-intérêts envers ses cocréanciers, comme au cas où l'un des créanciers d'une

---

(1) N. 312, *Des oblig.*
(2) M. Pellat, *Leçon* du 11 avril 1853.

servitude empêcherait par son refus la constitution de ce
droit (1).

93. Nous rappellerons ici qu'il ne faut pas confondre l'obligation d'un genre, telle que nous venons d'en étudier les caractères, avec l'obligation qui comprend un nombre d'objets du même genre, égal ou multiple du nombre des cointéressés, créanciers ou débiteurs. Cette dernière est tout à fait divisible. Si Pierre et Paul doivent un cheval, le payement ne peut pas se faire divisément ; mais s'ils en doivent deux, quatre, dix *in genere*, l'obligation devient tout à fait divisible. Que si un cheval est dû à Pierre et à Paul, à leur choix, la demande ne peut pas en être divisée ; mais que deux chevaux leur soient dus *in genere*, l'obligation est de nouveau tout à fait divisible. *Quotiens autem genera stipulamur numero fit inter eos heredes divisio... si idem duos homines stipulatus fuisset, singuli homines heredibus ejus deberentur* (2). *Genera* et non pas *genus*, plusieurs choses appartenant au même genre (3).

94. Il nous reste à expliquer la loi 2. 4, *De verb. oblig.* relative à la position des cautions :

« *Idemque est in ipso promissore et fidejussoribus ejus, quod diximus in heredibus.* »

Ce que nous avons dit des héritiers du débiteur s'applique également au cas où il y a un débiteur et plusieurs cautions. Si la caution en payant une partie de la dette a opéré une libération partielle, elle est libérée pour autant de son engagement. Si par la nature de son objet ou par sa forme, l'obligation n'admet pas de payement partiel, la caution demeure obligée pour le tout, aussi longtemps que l'obligation principale n'est pas acquittée ; car la *fidejussio* est une *accessio obligationis principalis*, de sorte que la caution ne peut être

---

(1) L. 25. 17, *Fam. ercisc.*; L. 2. 2, *De verb. oblig.*
(2) L. 54, *De verb. oblig.*
(3) Molitor, n° 235.

libérée que par un payement qui libère le débiteur principal.

Il suit de là que s'il y a plusieurs cautions d'une dette indivisible, chacune d'elles, comme chaque héritier, est tenu *in solidum*. Mais aussi dans le cas immédiatement précédent des obligations alternatives ou génériques, si l'une des cautions oppose au créancier le bénéfice de division, et si poursuivie pour sa part elle est condamnée, l'autre pourra dès lors se libérer en payant une part indivise d'une quelconque des choses comprises dans l'alternative ou dans le genre, comme le pourrait un héritier du débiteur (1).

95. L'ancien droit, au cas où la dette principale est divisible, faisait une distinction entre les *sponsores* et *fidepromissores* d'une part, et les *fidejussores* de l'autre. Les premiers, d'après la loi *Furia*, n'étaient tenus que *pro rata*, *pro parte virili*; les fidéjusseurs, au contraire, étaient obligés *singuli in solidum* (2). Les *sponsores* et *fidepromissores*, qui ne pouvaient accéder qu'aux obligations verbales, étaient exclusivement soumis au droit strict. Le fidéjusseur qui accédait à toute sorte d'obligations était soumis au *jus gentium*. Or c'était une règle du droit strict que, si l'obligation est divisible, on ne peut dans le doute agir contre plusieurs débiteurs qu'au prorata. Cette règle ne s'appliquait pas aux fidéjusseurs; mais un rescrit d'Adrien a accordé aux fidéjusseurs le bénéfice de division au moyen duquel, si les cautions sont solvables, on ne peut agir contre chacune d'elles que pour sa part (bien entendu si l'obligation est d'ailleurs divisible). De cette manière, les cofidéjusseurs d'une dette divisible sont, relativement à la division du payement, assimilés en général aux cohéritiers qu'a laissés le promettant (3).

---

(1) M. Pellat, *Leçon du 14 avril 1853*.
(2) Gaïus, 3. 121.
(3) L. 5. 3, *De solut.*; L. 51; L. 28, *De fidej.*

CHAPITRE VI.

RÉSUMÉ DE LA DOCTRINE ROMAINE.

98. La théorie que nous venons d'exposer relativement à la divisibilité et à l'indivisibilité des obligations entre plusieurs débiteurs et plusieurs créanciers, soit originaires, soit héréditaires, se trouve méthodiquement résumée à la loi 85, *De verb. oblig.* de Paul. Ce jurisconsulte, à propos de l'hypothèse où un débiteur meurt en laissant plusieurs héritiers, distingue quatre cas (*quatuor causas*) (1) dans l'exécution des obligations. Il n'a pas pour but de rechercher quelles obligations sont indivisibles, mais seulement ce que, dans le cas posé, le créancier peut et doit demander à chacun des héritiers du débiteur décédé. On pourrait dire que c'est un simple exposé des règles de la procédure romaine usitée en pareille circonstance (2).

1. Il est, dit Paul, des obligations tout à fait divisibles, où chacun des héritiers ne peut être assigné que pour sa part et où il se libère en la payant; par exemple, quand il s'agit d'une somme d'argent : *Quod a singulis heredibus divisum consequi possumus* (3).

2. Il en est qui sont tout à fait indivisibles, où le créancier ne peut demander que le tout et où l'héritier assigné ne peut s'acquitter qu'en payant le tout, par exemple, quand il s'agit de la construction d'un *opus* : *Quod totum peti necesse est, nec divisum præstari potest* (4).

3. Il en est où le créancier doit assigner chacun des débiteurs pour sa part, sans que ceux-ci puissent se libérer par des payements partiels; la demande se divise, mais non le paye-

---

(1) L. 85. pr., *De verb. oblig.*
(2) M. Pellat, *Leçon du 16 avril 1853*; Molitor, n° 252.
(3) L. 85. 1.
(4) L. 85. 2 et 3.

ment, comme dans l'obligation générique ou alternative au choix du débiteur : *Quod pro parte petitur, sed solvi nisi totum non potest* (1).

4. Il en est enfin où le créancier doit demander le tout, et si ce tout n'est pas presté, tous les débiteurs sont tenus, mais ils sont tenus *pro rata*, c'est-à-dire de telle sorte que chacun est libéré par un payement partiel; la demande est *in solidum*, mais le payement se divise, comme il arrive pour la stipulation du double au cas d'éviction, et aussi pour la clause pénale : *In solidum agi oportet, et partis solutio adfert liberationem* (2).

CHAPITRE VII.

DÉCISIONS PARTICULIÈRES AUX OBLIGATIONS *BONÆ FIDEI.*

97. Après avoir essayé de présenter l'ensemble des règles sur la divisibilité et l'indivisibilité des obligations tel qu'il ressort des textes du droit romain, nous devons rappeler qu'à côté du *strictum jus* se plaçaient fréquemment à Rome les décisions de l'équité. Déjà nous avons eu occasion d'en signaler plusieurs fois l'influence dans le cours de cette dissertation.

Il serait impossible de rattacher à des principes certains les décisions que l'on rencontre dans les textes touchant la divisibilité, et l'indivisibilité des obligations *bonæ fidei*. Car, relativement à ces obligations, on ne considère que l'équité qui varie suivant les circonstances. Nous voulons seulement signaler ici quelques exemples frappants, qui serviront à bien faire comprendre la différence profonde qui sépare le *strictum jus* de l'équité (3).

98. Les servitudes qui, suivant le droit strict, sont tout à fait indivisibles peuvent, dans les actions *familiæ erciscundæ et*

---

(1) L. 85. 4.
(2) L. 85. 5 et 6.
(3) Julius Rubo, *De la div. et de l'ind. des oblig.*

communi dividundo, qui sont de bonne foi, être divisées entre plusieurs ayants droit, de manière que chacun d'eux exerce la servitude sur une partie déterminée du fonds servant ou l'exerce alternativement sur le fonds tout entier (1).

99. Nous avons vu que lorsqu'on a stipulé la construction d'un ouvrage, l'obligation ne peut être remplie que *in solidum*. Il en est tout autrement de la *locatio operis*. S'il s'agissait en effet d'une *conductio operis*, et que l'œuvre, après avoir été exécutée par l'entrepreneur jusqu'à un certain point, eût été renversée par une cause qui ne lui fût pas imputable, comme la construction se fait ici aux risques et périls de celui qui la commande, la *merces* serait due à l'entrepreneur à concurrence de ce qu'il aurait fait. En ce cas donc l'exécution partielle libère partiellement l'entrepreneur et engage de même celui qui a commandé l'œuvre (2).

100. D'après la loi 3. 3, *Commodati*, quoique la chose prêtée soit divisible, le cohéritier qui est en état de la restituer en entier est tenu *in solidum*, contrairement à la règle du droit strict.

Le commodat ayant pour objet des choses corporelles, constitue de sa nature une obligation divisible : l'action s'intente contre chacun des héritiers du commodataire pour sa part héréditaire seulement, et si par le fait du défunt la chose ne peut être restituée, chaque héritier n'est condamné aux dommages-intérêts que pour cette même part. Mais si la chose prêtée subsiste et qu'elle soit redemandée, celui-là des héritiers aux mains duquel elle se trouve, pourra être condamné à la restitution et devra seul les dommages-intérêts, si la non-restitution n'a dépendu que de lui. *Heres ejus qui commodatum accipit, pro ea parte qua heres est, convenitur; nisi forte habuit facultatem totius rei restituendæ, nec faciat:*

---

(1) L. 18. 2, *Fam. ercisc.*; L. 7. 10; L. 10. 4, *Comm. dir.*
(2) L. 69, *Loc.*

*tunc enim condemnatur in solidum; quasi hoc boni judicis
arbitrio conveniat*, dit expressément Ulpien (1).

Peut-être cette décision d'équité devrait-elle s'appliquer,
par analogie, à tous les contrats de bonne foi où il s'agit
d'*une restitution*, par conséquent aussi au dépôt et au
louage (2).

101. En matière de dépôt, lorsque l'un des héritiers du
déposant agit en restitution, on distingue si la chose est ou
non susceptible de division matérielle. Dans le premier cas,
s'il s'agit, par exemple, d'une somme d'argent, on délivre
au réclamant une portion de la chose correspondante à sa
part héréditaire. Mais si, au contraire, la chose quoique divisible en soi, c'est-à-dire intellectuellement, est matériellement indivisible, un seul des héritiers du déposant pourra
réclamer toute la chose et on la lui délivre tout entière, à
charge de donner caution au dépositaire pour ce qui excède
sa part. S'il ne fournit pas cette caution, la chose est consignée
et le dépositaire est libéré (3).

La loi 14, *Depos. vel contra*, dispense même de la caution
au cas où la majorité des déposants ou des héritiers du déposant réclame en même temps la restitution (4).

---

(1) L. 3.3, *Commod. vel contra.*
(2) Mollitor, n° 250.
(3) L. 1. 86, *Dep. vel. contra.*
(4) L. 14, *Dep. vel. contra.*

DEUXIÈME PARTIE.

DROIT FRANÇAIS.

CHAPITRE PREMIER.

DES DIFFÉRENTES ESPÈCES D'INDIVISIBILITÉ.

102. Le projet de Code civil (1) contenait dans ses dispositions un résumé de ce qui était ou de ce qu'on croyait être
dans Pothier, et il fut en cet état présenté aux tribunaux,
mais peu d'entre eux s'occupèrent de l'indivisibilité des obligations. Quelques-uns cependant se hasardèrent à en parler;
mais ce fut seulement pour demander, comme le tribunal de
Rennes (2), la suppression du chapitre de l'indivisibilité, ou
un développement plus grand dans les dispositions qu'il ren-
fermait. Un autre tribunal plus hardi (3) demanda des explica-

(1) Fenet, t. II, p. 174.
(2) Fenet, t. V, p. 312.
(3) Fenet, t. V, p. 584.

tions sur un point particulier qui, pour ce motif, s'est trouvé
avoir reçu un sens fort peu satisfaisant, comme nous le verrons
plus loin.

Du reste, il n'y a rien à tirer, pour l'intelligence de notre
matière, des discussions qui ont précédé l'adoption du Code :
elles sont nulles à ce sujet.

103. Le Code Napoléon, sans indiquer de règle générale
d'après laquelle on puisse reconnaître si une obligation est
divisible ou ne l'est pas, détermine cependant les effets des
deux espèces d'obligations, et ramène d'ailleurs l'indivisibilité
à trois causes ; car, à l'exemple de Dumoulin et de Pothier(1),
il distingue, sinon nominalement, du moins virtuellement,
trois espèces d'indivisibilités.

1. Celle que Dumoulin appelait l'*individuum contractu*, ou
plus exactement l'*individuum natura*, et que Pothier nomme
absolue (art. 1217);

2. Celle que nous appelons *relative* et que Dumoulin appelait *individuum in obligatione* (art. 1218) ;

3. L'indivisibilité *solutione*, qui n'est, à proprement parler, qu'un accident d'une obligation divisible et une exception se rapportant, comme le mot l'indique, au payement
(art. 1221).

§ I. — INDIVISIBILITÉ natura.

104. D'après Pothier et Dumoulin, les obligations indivisibles *contractu* ou *natura*, sont celles qui ont pour objet
une chose indivisible de sa nature, c'est-à-dire dont l'objet est
d'une nature telle qu'il est impossible d'en concevoir une prestation partielle, sous quelque point de vue qu'on la considère,
soit matériellement, soit intellectuellement. C'est à cette indivisibilité que se rapporte l'art. 1217 du Code :

« L'obligation est divisible ou indivisible, selon qu'elle a
pour objet ou une chose qui, dans sa livraison, ou un fait

---

(1) Pothier, n° 292.

qui, dans l'exécution, est ou n'est pas susceptible do division soit matérielle, soit intellectuelle. »

La servitude de passage, par exemple, est indivisible *contractu*, parce que l'on ne comprend pas qu'on puisse passer pour un quart, pour un tiers, pour moitié. On passe ou l'on ne passe pas ; on exerce la servitude en entier ou on ne l'exerce pas du tout. La servitude de passage, comme toute autre, peut, il est vrai, s'étendre et se restreindre : l'art. 708 du Code Napoléon le suppose, quand il dit que le mode de la servitude peut se prescrire comme la servitude même et de la même manière ; mais cela ne fait point que le droit de passer puisse se comprendre divisé et décomposé en fractions égales ou inégales.

105. La servitude de passage est le cas qu'on cite le plus souvent comme exemple d'un droit ou d'une obligation indivisible ; mais ce n'est pas à dire que ce soit le seul. Il y en a certainement beaucoup d'autres, et c'est précisément pour cela qu'il est de la plus haute importance de savoir distinguer les droits ou obligations indivisibles de ceux qui ne le sont pas. Toullier (1) a donc émis certainement un vœu chimérique, quand il a exprimé l'espérance que la doctrine abstraite de l'indivisibilité serait un jour bannie de nos lois, comme une théorie inutile dans la pratique : car jamais les lois positives ne peuvent changer ce qui est dans la nature même des choses.

Ainsi il est des servitudes dont on ne comprend pas la division par parties aliquotes, telles que les servitudes de passage, de prospect, de stillicide. Celles-là sont indivisibles par leur nature, et le sont par conséquent d'une manière absolue.

Mais les servitudes sont indivisibles aussi en un autre sens, en ce qu'elles grèvent, comme l'hypothèque, chaque partie du fonds servant, et qu'elles sont censées inhérentes à chaque partie du fonds dominant. En ce sens-là, toutes les servitudes

---

(1) T. VI, n- 105.

sont également indivisibles, aussi bien celles dont l'utilité peut
se partager que celles dont le partage est impossible. La servitude en ce sens est comme une couleur du fonds dominant,
et si l'on comprend parfaitement la division de l'objet coloré,
on ne peut pas comprendre la division de la couleur elle-
même. Les auteurs du Code Napoléon nous paraissent avoir
envisagé les servitudes sous ce dernier point de vue, et partant les avoir considérées toutes comme indivisibles (arg. des
art. 709 et 710).

106. L'obligation de rendre compte, en tant qu'elle n'a
trait qu'au compte lui-même, et non au payement du reliquat,
est également une obligation indivisible de sa nature, comme
le prouve Dumoulin (1) avec son savoir ordinaire. On comprend sans doute que l'intendant de deux domaines rende
compte de la gestion d'un seulement, qu'un comptable qui
a géré pendant dix ans, rende compte de sa gestion pendant
une ou plusieurs de ces dix années seulement ; on comprend
plus aisément encore qu'on ne doive que le quart, le tiers,
la moitié du reliquat d'un compte apuré, mais on ne comprend pas qu'on puisse devoir le quart, le tiers, la moitié du
compte lui-même, parce que la division même intellectuelle
n'est plus possible dès qu'il s'agit d'un être de raison pur,
qui n'a pas et ne peut pas avoir de parties.

107. Dans tout contrat, les parties sont tenues d'exécuter
la convention de bonne foi (art. 1134). Voilà encore une obligation accessoire qui est indivisible de sa nature (2), quoique
l'obligation principale puisse se diviser. On est en effet de
bonne foi ou de mauvaise foi, il n'y a pas de milieu. Il y a
des degrés dans la mauvaise foi, mais il n'y a point de parties
aliquotes ; on n'a jamais dit, on n'a jamais pu dire qu'on
fût de bonne foi pour un quart, pour un tiers, pour une
moitié. Ce n'est donc pas sans surprise qu'on voit les oracles

____

(1) 3ᵉ pars, nᵒ 211.
(2) Dum., 3ᵉ pars, nᵒˢ 195 et suiv.

des glossateurs décider résolument que l'héritier qui empêche l'exécution de l'obligation n'est tenu proprement et directement que d'une part de dommage afférente à sa part héréditaire, précisément comme s'il n'était obligé à la bonne foi que pour sa portion. Dumoulin démontre fréquemment, et la tâche était facile, que tout héritier qui empêche par sa faute l'exécution de l'obligation est nécessairement tenu de l'entier dommage, et les art. 1232 et 1233 du Code Napoléon ont sanctionné cette doctrine.

§ II. — INDIVISIBILITÉ obligatione.

108. D'après Pothier (1), tout ce qui est indivisible *natura* l'est aussi *obligatione;* mais il y a en outre certaines choses qui sont indivisibles *obligatione*, sans l'être *natura*, ou comme dit Pothier, « qui, quoiqu'elles eussent pu absolument être stipulées ou promises pour partie, et par conséquent quoiqu'elles ne soient pas *individuæ contractu*, néanmoins dans la manière dont elles ont été considérées par les parties contractantes, ont quelque chose d'indivisible, et qui ne peut par conséquent être dû par parties. » C'est ce qui a lieu lorsque l'objet de l'obligation étant de sa nature parfaitement divisible, les parties contractantes excluent tous les rapports desquels la divisibilité de cet objet viendrait à résulter, pour ne considérer que celui d'où l'indivisibilité pourrait naître : ce qui a lieu en vertu d'une intention ou exprimée ou présumée.

109. Pothier donne pour exemple la construction d'une maison. « Je puis, dit-il, convenir avec un maçon qu'il me la construira pour partie, *puta*, qu'il en élèvera les murs jusqu'au premier plancher. Mais quoique la construction d'une maison ne soit pas indivisible *contractu*, elle est ordinairement indivisible *obligatione*, car lorsque quelqu'un fait marché

____

(1) N° 293.

avec un architecte pour lui construire une maison, la construction de la maison qui fait l'objet de l'obligation est, de la manière dont elle est considérée par les parties contractantes, quelque chose d'indivisible, *et quod nullam recipit partium præstationem.* » Ainsi la construction d'une maison est une chose toute divisible, lorsqu'on considère la construction en elle-même, et abstraction faite de toute obligation dont elle serait devenue l'objet ; mais dans l'obligation de construire une maison, on envisage moins le fait passager de la construction que son résultat final et permanent, c'est-à-dire la maison à construire. Or une maison n'existe comme telle que par la réunion des parties qui la composent ; elle est indivisible, considérée en elle-même ; sa construction est également indivisible lorsqu'elle devient l'objet d'une obligation unique imposée au débiteur. L'obligation de l'entrepreneur ne pourra donc s'accomplir que par la construction entière de la maison ; car, ayant fait marché pour une maison, si vous ne me faites qu'une partie de maison, ce ne sera pas ce que j'aurai eu en vue dans la convention. Ainsi disaient Dumoulin au n° 76 de son Traité, et Pothier au n° 202 du Traité des obligations, où il invoque à l'appui, les lois 80. 1, *Ad legem falcidiam*, et 85. 2, *De verborum obligationibus*, par nous citées plus haut.

Enfin, comme second exemple d'indivisibilité *obligatione*, Pothier cite l'obligation de livrer un fonds, *ad certum finem*, par exemple pour y construire un pressoir. L'obligation de livrer un fonds est divisible de sa nature, si on le considère en lui-même et abstraction faite de l'usage auquel il peut être destiné ; c'est ce que dit la loi 3. 3, *Commodati vel contra*. Néanmoins l'obligation de livrer le fonds serait indivisible si elle était contractée avec des circonstances qui la rendissent telle. Par exemple, je vends un fonds pour y établir un pressoir, est-il dit dans le contrat : ce fonds est bien divisible, mais le rapport sous lequel on le considère dans le contrat le rend indivisible, car si on ne livre qu'une partie, la moitié, par exemple, on ne pourra pas y construire de pressoir.

110. Quand on compare ces notions sur l'indivisibilité *obligatione* avec l'art. 1218, il est impossible de ne pas reconnaître que le Code admet aussi cette espèce d'indivisibilité, car cet article reproduit presque littéralement la définition de Pothier. Ce jurisconsulte avait dit : « L'obligation indivisible *obligatione* est l'obligation d'une chose qui, considérée sous le rapport sous lequel elle fait l'objet de l'obligation, n'est pas susceptible de parties. » L'art. 1218 porte : « L'obligation est indivisible, quoique la chose ou le fait qui en est l'objet soit divisible de sa nature, si le rapport sous lequel elle est considérée dans l'obligation ne la rend pas susceptible d'exécution partielle. » Toutefois le législateur est ici inexact sous plus d'un rapport.

Il y a d'abord une inexactitude grammaticale, une faute de français. La loi dit : le rapport sous lequel *elle* est; il aurait fallu dire : le rapport sous lequel *il* est, car ce membre de phrase se rapporte au mot *fait*, et non au mot *chose*.

Et il y a aussi une inexactitude de pensée, une faute de logique. La loi dit que « l'obligation n'est pas rendue susceptible d'*exécution partielle;* » il semblerait résulter de là que dans l'obligation indivisible *obligatione*, cette indivisibilité n'affecte que l'exécution, ce qui serait la confondre avec l'obligation indivisible *solutione*, dont nous parlerons bientôt. Il eût été plus exact de dire : ne la rend pas susceptible de *parties*, et c'est, en effet, de cette manière que s'exprimait Pothier au n° 292.

111. Mais lorsqu'on compare avec la doctrine de Pothier l'art. 1221-5°, on voit que le Code a établi une différence entre les deux exemples que Pothier cite, comme appartenant tous deux à l'indivisibilité *obligatione*. En effet, l'obligation *fundum tradi ad certum finem* est une obligation indivisible *solutione* et non *obligatione*, puisque, comme l'exige l'article 1221-5°, « il résulte de la fin qu'on s'est proposée dans le contrat que l'intention des contractants a été que la dette ne pût s'acquitter partiellement. » Pareille obligation, divi-

sible de sa nature, offrira donc, quant au payement, les caractères d'indivisibilité qui y sont attachés par le dernier paragraphe de l'art. 1221; tandis que l'obligation indivisible
obligatione, pour parler le langage de Pothier, produira tous
les mêmes effets que l'obligation indivisible de sa nature, effets
qui sont déterminés par les art. 1222 à 1225.

La notion de l'indivisibilité *obligatione* ne s'applique donc
plus, dans le système du Code, qu'à la construction d'un édifice et à des cas analogues. La distinction entre l'indivisibilité
contractu et l'indivisibilité *obligatione* est d'ailleurs sans importance pratique, puisque dans les articles suivants il n'y a
plus la moindre trace de la distinction scolastique reproduite
par les définitions des art. 1217 et 1218.

112. Toullier (1) fait remarquer, au sujet de cette distinction, qu'elle n'a été imaginée que pour concilier des lois romaines, que les interprètes, de l'aveu même de Dumoulin,
avait déjà conciliées de seize manières différentes (2). En effet,
ce qui paraît avoir surtout provoqué cette distinction, c'est
la loi 72, *De verb. oblig.*, où l'obligation *fundum tradi*, placée à côté de celle qui a pour objet la construction d'une
maison, *insulam fabricari*, est réputée indivisible, tandis que,
d'après la loi 3. 3, *commodati vel contra* et d'autres textes,
l'obligation de livrer un fonds, comme en général toute obligation qui a pour objet une chose divisible, est elle-même
divisible. Pour faire disparaître cette antinomie apparente,
Dumoulin a supposé que, dans l'espèce de la loi 72, les mots
fundum tradi devaient se rapporter à la livraison faite dans
un but déterminé, et de là il est arrivé à dire que l'obligation est indivisible *obligatione*, quoique la chose qui en est
l'objet soit divisible, si le rapport sous lequel les parties l'ont
considérée, ne la rend pas susceptible de division.

---

(1) T. VI, n° 791.
(2) 2e part, n°s 278 et suiv.

Nous nous sommes, du reste, expliqués en son lieu sur cette conciliation célèbre.

§ III. — INDIVISIBILITÉ *solutione*.

113. L'indivisibilité *solutione* est l'indivisibilité de la troisième espèce dont nous avons à parler. Elle a lieu, lorsque la chose due étant par elle-même divisible, est susceptible à la vérité d'être livrée par parties, et se trouve, en effet, constituer des parties divisibles dans l'obligation, mais ne peut cependant être payée divisément, bien que restant divisible.

C'est encore en vertu du consentement des parties que cette indivisibilité existe; c'est aussi le consentement des parties qui opère la seconde espèce d'obligations indivisibles, dont nous venons de parler. Comment donc distinguer l'une de l'autre ces deux espèces d'obligations indivisibles? Comment assigner une différence entre l'obligation que l'art. 1218 déclare indivisible, *quoique la chose ou le fait qui en fait l'objet soit divisible par sa nature, si le rapport sous lequel elle est considérée dans l'obligation ne la rend pas susceptible d'exécution partielle*, et l'obligation que l'art. 1221 déclare divisible et oblige pourtant d'exécuter comme indivisible, *lorsqu'il résulte, soit de la nature de l'engagement, soit de la chose qui en fait l'objet, soit de la fin qu'on s'est proposée dans le contrat, que l'intention des contractants a été que la dette ne pût s'acquitter partiellement ?*

114. Dans le premier cas, l'obligation est indivisible à cause du rapport sous lequel la chose à livrer ou le fait à accomplir forme la matière de l'obligation; et c'est la volonté des contractants qui a déterminé ce rapport; mais par contrecoup, ce rapport une fois déterminé, l'indivisibilité de la prestation en devient la conséquence nécessaire, à tel point que les contractants ne pourraient pas, sans dénaturer l'objet de la prestation, convenir d'un payement partiel; car alors ils changeraient l'obligation primitive, ils en consentiraient une nouvelle.

Au contraire, dans le second cas, les choses et les faits restent divisibles, sous quelque rapport qu'on les envisage, et si le payement de l'obligation ne peut avoir lieu par parties, ce n'est point par suite d'une impossibilité inhérente à la prestation elle-même, et parce qu'un pareil payement dénaturerait l'objet de cette prestation, mais parce qu'il porterait atteinte aux droits du créancier fondés sur la volonté expresse ou présumée des contractants. Lorsqu'il s'agit de l'indivisibilité *solutione tantum*, il n'y a indivisibilité que dans l'exécution, et cette indivisibilité ne résultait pas nécessairement de l'obligation, telle que les contractants l'avaient consentie. C'est comme une clause nouvelle qu'ils y ont ajoutée, qui aurait pu ne pas y être, et qui, enlevée du contrat primitif, n'en détruirait ni la nature ni la substance, car elle n'y est qu'un accessoire non indispensable.

115. Ainsi ce qui dans les faits doit servir à distinguer les obligations indivisibles *obligatione*, de celles indivisibles *solutione*, c'est dans le premier cas l'impossibilité qu'il y ait division, tant que la convention subsiste, les parties restant maîtresses sans doute de faire une division, mais alors la convention changeant tout à fait de nature ; et c'est dans le second cas la possibilité qu'une division s'opère, la convention n'étant pas pour cela détruite. Dans un cas en effet c'est l'obligation qui est affectée ; et dans l'autre c'est seulement l'exécution.

Ainsi je suis convenu que vous me bâtirez un édifice, c'est bien là une indivisibilité *obligatione* ; il répugne que vous ne fassiez que le tiers, que le quart de la maison ; car il ne peut y avoir de maison qu'autant qu'on l'aura terminée, et une maison étant cependant demandée dans l'obligation, on ne remplirait pas les exigences de l'obligation, on resterait en dehors de cette obligation, si l'on se contentait d'élever une partie de construction : car une maison est une agrégation de parties, et le corps entier n'en existe pas avec les qualités qui lui sont requises, dès qu'une seule de ces parties vient à manquer. Dès lors donc qu'on a parlé de maison, on a exclu toute division, et quand on a livré une partie, on n'a pas exécuté même une partie de la convention, les parties, outre leur valeur intrinsèque, ayant encore une valeur de relation avec le tout, qui ne peut s'estimer que quand la maison est achevée.

Mais, au contraire, supposons que je me trouve emprisonné pour dettes; je conviens avec vous que vous me donnerez 5,000 francs, avec déclaration que c'est pour payer le créancier qui m'a fait incarcérer. Cette obligation par elle-même est bien divisible : mais comme le but qu'on s'est proposé était l'élargissement, et que le créancier ne pouvait pas être forcé à recevoir une partie seulement de ce qui lui était dû, le nouveau débiteur s'est par là même engagé à donner la somme tout entière. Toutefois il se pourrait fort bien que l'on vînt à convenir que les 5,000 fr. ne seraient pas donnés en une seule fois, et que cependant on obtînt l'élargissement de la part de l'ancien créancier, auquel cas une convention non indivisible pourrait conduire au résultat cherché; la convention primitive qui produit cette indivisibilité pourrait donc très-bien ne plus l'admettre sans que pour cela elle cessât d'exister, puisqu'alors le but qu'on s'était proposé n'en serait pas moins rempli et l'élargissement obtenu. L'indivisibilité ne touche donc pas ici à l'essence même de l'obligation; ce n'est et ne peut être qu'une indivisibilité de payement.

116. Mais, dira-t-on, quel avantage y a-t-il à ce qu'une chose qui s'exécute indivisément ait un caractère divisible? C'est que, de cette manière, tous les effets de l'obligation, en dehors de l'exécution, auront lieu comme dans les obligations divisibles, et au lieu d'une indivisibilité proprement dite, nous n'aurons plus en définitive à voir dans l'indivisibilité *solutione* qu'une exception aux règles générales de la divisibilité, se rapportant, comme son nom l'indique, au seul payement.

Puis donc qu'il est bien constaté que dans ce cas l'obligation n'a pas perdu son caractère de divisibilité, on doit dire que cette divisibilité produit tout son effet vis-à-vis des créanciers, et que s'il y en a plusieurs, un seul n'aura pas la permission de prendre les droits de tous, un seul ne pourra pas exiger l'exécution complète de l'acte, comme si l'obligation était indivisible , soit *natura*, soit *obligatione*. L'indivisibilité n'ayant ici trait qu'à l'exécution , ne peut être séparée de ceux qui doivent exécuter, c'est-à-dire des débiteurs.

De plus , tant qu'on est dans les termes de la demande, les débiteurs eux-mêmes ne devraient pas ressentir les effets de l'indivisibilité ; et comme un seul créancier n'est pas capable de demander tout l'émolument, un seul débiteur ne devrait pas se trouver exposé à être poursuivi pour supporter toute la charge. En effet, quand on poursuit le payement, c'est uniquement l'obligation qu'on invoque, c'est au droit seul que l'on s'attache ; et le payement à intervenir ensuite n'est qu'un fait, qui ne peut porter au droit commun aucune atteinte : peu importe donc que le payement soit indivisible , il faut avant tout respecter la divisibilité du droit, c'est-à-dire qu'il faut poursuivre tous les débiteurs , et non pas s'adresser à un seul : c'est la seule marche régulière à observer ; mais une fois qu'on s'y sera soumis, comme le payement ne doit pas être divisé , tous les débiteurs se trouvant assignés, un seul ne pourra se libérer en offrant sa part : alors ce n'est plus l'obligation, ce n'est plus le droit qui est en cause, c'est l'exécu-tion, c'est le fait qui s'accomplit, et là il y a indivisibilité.

117. Nous avons exposé ici, d'après les anciens principes, la théorie de l'indivisibilité *solutione* (1). Le code reconnaît encore cette espèce d'indivisibilité ; il n'en parle pas d'une manière expresse ; mais il a attribué dans l'art. 1221, à cer-taines obligations par lui regardées comme divisibles, des ef-fets tels, quant à l'exécution, qu'il y a nécessité de dire qu'étant divisibles par elles-mêmes, si elles ont un effet indivisible, c'est qu'elles sont indivisibles *solutione*.

Mais le code a changé en un point l'ancien droit ; il a donné une force bien plus grande aux obligations indivisibles *solu-*

---

(1) Pothier, n° 316.

tione; car il permet au créancier de poursuivre un seul des débiteurs pour le tout, ainsi que le porte l'art. 1221-5°. Et cela a donné lieu aux commentateurs de dire que le code Napoléon avait confondu les obligations indivisibles *obligatione* et celles indivisibles *solutione*, cette faculté de poursuivre un seul des débiteurs leur étant commune à toutes deux, et les mettant ainsi sur la même ligne quant à leurs effets.

118. Ce n'en est pas moins là une erreur certaine : les effets des deux obligations fussent-ils parfaitement semblables, cela ne détruirait pas la différence qui existe entre elles quant à leurs principes, différence reconnue tacitement, il est vrai, mais pourtant reconnue par le code Napoléon.

Et même, il y a encore une différence à établir quant aux effets : car la divisibilité de l'obligation indivisible *solutione* n'a pas seulement trait aux débiteurs, elle a trait aussi aux créanciers; et si, d'après les principes, un seul débiteur ne doit pas être poursuivi pour les autres, un seul créancier ne peut également poursuivre pour le compte de ses cocréanciers la totalité de la dette. Ce sont là les deux points de divergence entre l'obligation indivisible *solutione* et l'obligation indivisible *naturâ* ou *obligatione*. Le code a rejeté la première distinction, mais il n'a rien dit quant à la seconde; il faut donc la laisser subsister, et il faudra que les tribunaux l'appliquent.

119. Du reste, cette différence aura rarement lieu d'être appliquée, ce qui fait que dans la pratique la confusion s'est définitivement établie, et on ne saurait justifier les législateurs de cette confusion qu'ils ont amenée : ce que nous disons n'est que pour expliquer la loi et non pour la justifier. La loi est réellement mauvaise en ce point. Les rédacteurs n'ont pas pris garde à ce qu'ils faisaient : dans la première partie du § 5 de l'art. 1221, ils ont copié Pothier mot pour mot dans son n° 315; puis ils ont ajouté d'eux-mêmes une autre disposition, sans s'apercevoir qu'immédiatement après le passage qu'ils s'étaient approprié, Pothier, au n° 316, établissait po-

sitivement le contraire de ce qu'ils décidaient, en disant :
« Le créancier ne peut, à la vérité, mettre les héritiers de son
débiteur en demeure qu'en donnant la demande *contre tous* :
la demande qu'il ferait à l'un d'eux de lui payer le total, ne
serait pas valable et ne le mettrait pas en demeure, puisque,
l'obligation étant divisible, il ne doit pas le total; mais quoique l'un des héritiers ne soit débiteur que de la partie pour
laquelle il est héritier, et ne puisse être poursuivi pour le total, néanmoins l'indivision de payement empêche qu'il puisse
valablement offrir la part dont il est débiteur, si le surplus
n'est offert en même temps par ses cohéritiers. » Ayant tant
fait que de copier Pothier, les rédacteurs auraient dû au moins
le copier tout entier; mais comme ils l'ont abandonné en ce
point, après l'avoir suivi dans tout le reste, il en est résulté
que le code ne renferme plus qu'un système tronqué et des
dispositions contradictoires, de telle sorte que la théorie en est
obscure et la pratique inintelligente.

120. Il n'en reste pas moins établi que les obligations indivisibles *obligatione*, pour parler le langage de Pothier, sont
essentiellement distinctes de celles indivisibles *solutione tantum*, tant dans leurs principes que dans leurs effets. Il y aurait donc erreur à les confondre, et c'est pour n'avoir pas assez
approfondi la doctrine de Pothier et de Dumoulin sur ce point,
que beaucoup de commentateurs s'y sont trompés.

D'après cette doctrine, on peut bien dire à la vérité qu'il
n'y a que deux sortes d'indivisibilités proprement dites, celle
de l'art. 1217 *natura* et celle de l'art. 1218 *obligatione*,
dont les effets sont en général identiques. « *Omnis indivi-
duitas*, dit, en effet, Dumoulin dans son Traité (1), *procedit,
vel ex natura et qualitate rei debitæ, vel ex circumstantia
individua principaliter contemplata.* » Mais alors il faut
ajouter qu'à côté et en dehors de ces deux indivisibilités com-
plètes, il existe certaines obligations en tous points divisibles,

____

(1) 2ᵉ pars, nᵒ 700.

sauf que la volonté expresse ou présumée des parties a entendu que le payement se ferait indivisément. C'est là ce que Dumoulin appelait, improprement sans doute, *individuum solutione, indivisibilité particulière de payement*, mais aussi et beaucoup plus justement, avec le sens que nous-même indiquons ici, *incongruitas solutionis*, impossibilité d'un payement partiel dans une obligation d'ailleurs tout à fait divisible. C'est là ce que le Code a reproduit plus ou moins exactement, dans son article 1221, aux termes duquel le principe de la divisibilité reçoit exception dans différents cas où l'obligation est divisible dans tous ses effets, hormis dans le payement.

121. Du reste tout ce que nous venons de dire sur l'obligation indivisible *solutione*, est tiré du droit romain. A Rome, comme chez nous, il pouvait arriver que dans une obligation dont l'objet était divisible de sa nature, il y eût néanmoins une certaine indivisibilité; mais cette indivisibilité n'avait guère lieu que dans le cas de dettes alternatives ou de genre indéterminé. Dans ce cas, l'un des créanciers n'eût pas pu demander la moitié de l'un des objets déterminément, ni la totalité de l'un indéterminément; car il eût encouru la peine de la plus-pétition *causa* dans le premier cas et *re* dans le second : il ne pouvait agir, comme nous l'avons vu en son lieu, que d'une manière alternative ou générale et *pro rata*. Mais l'acquittement de l'obligation devait avoir lieu *in solidum*, et le payement ne pouvait se faire partiellement, car autrement l'un des débiteurs aurait pu donner la moitié d'un esclave et l'autre la moitié d'un autre esclave, de telle façon qu'on serait arrivé à payer autre chose que ce qui faisait l'objet de l'obligation.

Ainsi les dispositions du droit romain à cet égard provenaient de ce que la division de la dette entre plusieurs héritiers du débiteur altérait sa substance, c'est-à-dire sa forme et son objet; car si dans de pareilles obligations l'un d'eux avait payé sa part, l'autre eût été dans la nécessité de payer le res-

tant de la même chose, ou s'il avait eu encore le choix, il aurait
pu payer une partie d'une chose différente. La forme de ces
obligations avait donc fait admettre des règles spéciales relativement à leur exécution. Mais les interprètes ayant trouvé
dans les textes la consécration d'une indivisibilité *solutione*,
crurent voir dans des dispositions particulières l'énoncé d'un
principe général, et ils en étendirent les règles à des cas que
les lois romaines n'avaient nullement prévus. Ces règles se
sont ainsi perpétuées jusqu'à nous avec une portée et un sens
tout différents de ceux qu'elles avaient eus primitivement.

§ IV. — Critique de la précédente classification.

122. Avant de terminer cette étude préliminaire des caractères généraux et de la physionomie propre du droit français
sur notre matière, nous pourrions encore nous demander s'il
était bien nécessaire que le législateur consacrât, dans les
articles du Code, l'ancienne terminologie scolastique inventée
par Dumoulin.

Les deux dernières espèces d'indivisibilité dont nous venons de parler, dérivent également de l'intention des parties :
elles ne diffèrent que par la portée de cette intention, selon
qu'elle s'applique à l'obligation elle-même ou seulement au
payement. Ne suffisait-il pas dès lors des principes généraux
du droit, pour que l'intention expresse ou présumée des contractants fût toujours respectée dans ce qu'elle a de licite ?
N'était-ce pas assez pour que l'indivisibilité qui en dérive fût
reconnue partout où elle existe ? On eût pu s'en tenir alors à
la constatation d'une seule et unique indivisibilité résultant,
soit de la nature de l'objet, soit de l'intention des parties
qu'on eût appréciée différemment selon qu'elle se fût portée
sur l'obligation elle-même, ou seulement sur son exécution (1). Peut-être par ce moyen fût-on parvenu à éviter bien

---

(1) Rodière, nos 334 et suiv.

des complications inutiles et à rendre la pratique plus facile en simplifiant la théorie?

123. Mais la loi existe : nous devons l'expliquer telle qu'elle est. Nous tenant donc à cette simple observation sur son ensemble, nous allons, maintenant que nous en avons recherché les principes, en étudier les effets.

Pour suivre le plan que nous avons indiqué plus haut comme étant le meilleur, nous parlerons d'abord des effets de l'indivisibilité proprement dite : qu'elle soit d'ailleurs *natura* comme dans l'art. 1217, ou *obligatione*, comme dans l'art. 1218, ces effets sont en général identiques. Nous traiterons ensuite des effets de la divisibilité, et subsidiairement des exceptions que la loi y apporte à l'art. 1221, c'est-à-dire de l'indivisibilité *solutione*.

Nous arriverons ainsi à mieux comprendre les exceptions de l'art. 1221, et à saisir plus précisément la limite exacte à laquelle elles s'étendent, lorsque nous connaîtrons à l'avance, d'une part, les règles de l'indivisibilité dont elles se rapprochent en un point ; et, d'autre part, les règles de la divisibilité dont elles ne s'écartent qu'en ce seul point du payement, y restant attachées pour tout le reste (1).

124. Néanmoins, tout en parlant d'abord des effets de l'indivisibilité pour la commodité de notre exposition, nous ne devons pas oublier qu'en droit français comme en droit romain, la divisibilité des dettes et des créances est le principe général de la loi. L'indivisibilité n'est qu'une exception à la règle générale des obligations, et dès lors ne se suppose pas facilement. (Arg. de l'art. 1219.) Cette observation tend à montrer que dans le doute, toute obligation doit être réputée divisible, et se diviser conformément aux règles du droit, à moins que soit par la nature propre de son objet, soit par l'influence que l'intention des parties exerce sur cet objet, il

---

(1) M. Valette, *Leçon du 16 janvier 1851*.

demeure établi que l'obligation n'est pas susceptible de division.

CHAPITRE II.

DES EFFETS DE L'INDIVISIBILITÉ.

125. Nous savons qu'une obligation est indivisible, lorsque soit par la nature propre de son objet (art. 1217), soit par suite du rapport sous lequel les parties ont envisagé cet objet (art. 1218), elle ne peut pas être divisée par portions aliquotes. Nous avons précédemment indiqué plusieurs de ces obligations indivisibles soit *natura*, soit *obligatione;* nous allons en examiner les effets, d'ailleurs identiques dans les deux cas, tels que la loi les énonce.

126. Le premier effet de l'obligation indivisible, c'est de rendre chacun des codébiteurs de la dette débiteurs pour le total. L'art. 1222 dispose d'abord : « Chacun de ceux qui ont contracté conjointement une dette indivisible en est tenu pour le total, encore que l'obligation n'ait pas été contractée solidairement. » Quand une obligation ne peut pas avoir de parties, il est en effet bien impossible d'en réclamer l'exécution pour partie.

La même impossibilité fait que réciproquement, s'il y a plusieurs cocréanciers, chacun ne peut demander que le total.

Ce résultat étant nécessaire se produit inévitablement aussi par rapport aux héritiers du débiteur ou du créancier. « Il en est de même, dit l'art. 1223, à l'égard des héritiers de celui qui a contracté une pareille obligation, » et l'art. 1224 ajoute : « Chaque héritier du créancier peut exiger en totalité l'exécution de l'obligation indivisible. »

Le législateur a omis de parler du cas où il y a plusieurs créanciers primitifs : il a oublié de copier le n° 320 du Traité des obligations de Pothier, qui met le créancier sur la même ligne que les cohéritiers d'un créancier; mais il est facile de suppléer au silence de la loi; il est évident que le Code n'a pas voulu s'écarter de la doctrine de Pothier, et qu'encore aujourd'hui, chaque créancier d'une dette indivisible en peut exiger la totalité.

127. Il va sans dire pourtant que tous les créanciers originaires ou tous les héritiers du créancier ne peuvent réclamer l'exécution de l'obligation, qu'autant qu'ils continuent d'y avoir intérêt. La loi ne déroge nullement ici à la règle si raisonnable que l'intérêt est la mesure des actions. Si, par exemple, deux copropriétaires ont stipulé une servitude de passage au profit de l'héritage commun; et que cet héritage ait ensuite été attribué exclusivement à l'un d'eux, celui-là seul aura qualité pour agir, si la servitude est refusée. De même pour l'héritier auquel l'immeuble entier a été expédié. Seul il peut se plaindre de la violation de l'obligation (1).

128. Ainsi l'obligation indivisible donne lieu au droit et à la charge pour le tout. Mais remarquons bien que si chaque débiteur y doit payer et chaque créancier poursuivre la totalité de la dette, ce n'est pas que la totalité soit due par chaque débiteur et à chaque créancier; mais c'est uniquement à cause de l'impossibilité d'une prestation partielle; et il n'y a du reste entre les divers créanciers ou débiteurs d'une obligation indivisible, ni mandat, ni société, ni lien personnel quelconque, qui les unisse pour ce qui excède leur part dans la dette. De là découlent plusieurs conséquences, auxquelles la loi a eu le tort de ne pas toujours s'arrêter rigoureusement.

Il n'y a pas mandat entre les contractants : par conséquent ce qu'a fait l'un d'entre eux n'a pas effet à l'égard des autres. Ainsi nul créancier n'étant le maître de ce qui revient aux autres, ne peut disposer de leurs droits, ni aliéner à leur dé-

___

(1) Rodière, *De l'indivis.*, n° 363.

triment la créance commune, soit en en faisant remise, soit en la novant.

Toutefois la remise ou la novation faite par l'un des créanciers de l'obligation indivisible, ne sera pas tout à fait nulle. Elle produira son effet pour la part de dette afférente au créancier qui l'a faite, et profitera au débiteur dans la limite de cette part.

Le code Napoléon est moins rigoureux à cet égard que le droit romain (1), qui regardait cette remise comme absolument nulle, parce que d'une part l'un des créanciers ne peut disposer des droits des autres, et que d'autre part ce qui est indivisible ne peut s'éteindre par parties (2).

129. En droit français la remise où novation consentie par un des créanciers ne saurait à la vérité éteindre la dette; et malgré cette remise ou novation, les autres créanciers pourront toujours demander l'exécution *totale*, puisqu'elle est seule possible. Cependant la loi veut que l'acte intervenu produise son effet : bien que tenu d'exécuter l'obligation *in solidum*, le débiteur a le droit d'exiger que les créanciers poursuivants lui tiennent compte de la portion de leur conjoint qui a fait la remise ou accepté le prix de la chose. Ces créanciers en effet y ont gagné d'avoir avec leur part la part de leur cohéritier. Ils profitent d'un acte fait uniquement dans l'intérêt du débiteur, et ils bénéficient à ses dépens d'un avantage qui lui était destiné. Ils doivent donc lui tenir compte de cet enrichissement injuste : ils lui doivent une indemnité correspondante à la valeur dont ils ont bénéficié indûment, par suite de la remise ou novation. C'est au juge à faire, d'après les circonstances, une estimation équitable, non pas de ce que peut avoir déboursé le débiteur pour obtenir la remise, mais de ce dont cette remise profite aux créanciers poursuivants. C'est ce que l'ancienne jurisprudence admettait déjà d'après

---

(1) Pothier, n° 327.
(2) L. 13. 1, *De acceptil.*

la doctrine de Dumoulin et de Pothier (1), et ce que le code a consacré en ces termes dans l'art. 1224 : « Si l'un des héritiers a seul remis la dette, ou reçu le prix de la chose, son cohéritier ne peut demander la chose indivisible, qu'en *tenant compte* de la *portion* du cohéritier qui a fait la remise ou reçu le payement.

130. Le débiteur se trouve ainsi en quelque sorte subrogé aux droits du créancier qui a fait la remise ou novation, pour obtenir des autres l'équivalent de sa portion, ou du moins la valeur dont cette portion les a enrichis. D'après ces principes, nous croyons même, avec M. Valette (2), que les créanciers poursuivants pourraient se contenter d'offrir au débiteur pour toute indemnité de l'associer au bénéfice de l'obligation. Ils lui diraient : « La place de celui qui nous a fait remise est vacante ; prenez-la : vous aurez sa part. » Ce serait même lui offrir l'équivalent le plus parfait de ce dont eux-mêmes bénéficient, puisque c'est précisément la chose dont ils profitent, qui lui serait attribuée. Il est impossible de tenir un compte plus exact, aux termes de l'art. 1224-2° de la remise ou dation en payement, qui a été faite.

D'un autre côté, si ce tempérament parfaitement équitable était repoussé, on arriverait à imposer aux créanciers poursuivants des déboursés souvent onéreux, et il suffirait à un créancier de faire remise de sa portion à prix d'argent, pour contraindre indirectement ses cohéritiers à lui acheter cette part de créance. Cette conséquence nous semble tout à fait inique, et essentiellement contraire aux principes du droit sur la liberté des conventions.

131. Remarquons bien d'ailleurs que l'indemnité due au débiteur a pour fondement unique l'enrichissement indu des créanciers à son détriment. Si donc la remise ou novation ne leur a procuré aucun bénéfice réel, il n'y a plus lieu à aucune

---

(1) Pothier, n° 327.
(2) *Leçon* du 18 janvier 1851.

indemnité. Les créanciers poursuivants n'ont *aucun compte à tenir* d'un avantage qui n'existe pas pour eux. Ils ne font aucun gain aux dépens du débiteur, ils n'ont donc rien à lui remettre.

Voici des exemples. Je me suis engagé envers une personne à lui faire bâtir un édifice sur son terrain. Mon créancier décède laissant trois héritiers : l'un d'eux me fait remise de mon obligation. Cette remise ne m'empêchera pas d'être tenu envers les deux autres héritiers de leur bâtir l'édifice en entier ; mais alors, comme ces deux héritiers profiteront de la maison en totalité, et qu'ils retireront un bénéfice de la remise faite par leur cohéritier, ils devront m'indemniser, à moins qu'ils ne préfèrent m'admettre au bénéfice de la construction, au lieu et place de leur conjoint. Mais supposons que mon voisin m'ait cédé le droit de passer sur son terrain tant qu'il vivrait. Je meurs laissant trois héritiers. L'un d'eux fait remise du droit au débiteur. Ce débiteur pourra-t-il demander aux deux autres héritiers une indemnité fondée sur ce qu'ils ne sont plus que deux à jouir du passage, tandis qu'avant ils étaient trois ? Mais, répondront ces héritiers, le droit n'est pas devenu plus avantageux pour nous ; que pouvons-nous retirer de cette remise ? Nous avons le droit de passer. nous passerons encore ; pourvu que nous passions, c'est tout ce que nous demandons ; peu importe du reste que nous soyons les seuls à passer ou que nous soyons vingt, notre avantage sera le même dans les deux cas, et nous ne serons pas plus riches dans l'un que dans l'autre.

132. Il est donc incontestable que si la remise ne procure aucun avantage aux créanciers, ils ne doivent aucune indemnité au débiteur. Ces principes sont certains, et on peut s'étonner que Dumoulin et Pothier ne les aient pas fait remarquer.

Toutefois, il nous semble qu'on est allé trop loin en reprochant à ces auteurs l'exemple d'une servitude (1), où ils décident sans distinguer qu'il y a lieu de payer au débiteur l'es-

---

(1) Pothier, n° 327.

timation de la part remise. Toute servitude est établie au profit du fonds entier : le nombre plus ou moins grand des propriétaires ne fait rien à l'étendue de la servitude. Dès lors la remise de l'un d'eux n'empêche pas la servitude de rester inhérente au fond. Elle subsiste après comme avant dans toute son intégrité, le fonds conserve entière la plus-value qui en résultait pour lui. Il continuera à être vendu plus cher, et dès lors les copropriétaires étrangers à la remise doivent tenir compte au débiteur de l'avantage résultant pour eux de ce que le fonds, malgré la remise de l'un d'eux, conserve sa plus-value tout entière (1).

133. Tout cela peut paraître subtil, mais nous croyons que c'est exactement conforme aux principes du droit. Nous avons dû en faire la remarque, parce que plusieurs auteurs semblent s'y être trompés, en donnant la servitude de passage pour exemple du cas où il n'est point dû indemnité au débiteur. Cet exemple ne nous a pas paru juste, et nous pensons que dans le cas cité, il est rigoureusement dû au débiteur estimation de la part remise. S'il en est autrement dans l'exemple par nous présenté plus haut, c'est qu'il s'y agissait non plus d'une servitude de passage, mais du droit personnel de passage, ce qui est bien différent.

Dans ce cas lui-même, il pourrait exister une espèce particulière où l'estimation de la part remise serait due. Il faut supposer qu'un individu stipule un droit personnel de passage sur le fonds d'autrui; mais il le stipule non pas pour en user lui-même, mais dans l'intention de le revendre et pour en faire trafic. Le droit de passage ainsi considéré n'est plus qu'un objet de commerce, une chose vénale. A la mort du créancier, l'un de ses héritiers fait remise pour sa part; les autres, qui ne prennent le droit que pour le vendre, gagnent à la remise, la valeur vénale de la part remise, qui s'ajoute à leur propre part. Or cette valeur, ils la gagnent aux dépens du dé-

---

(1) M. Duverger, *Leçon* du 22 juin 1852.

biteur, à qui leur conjoint l'avait destinée. Ils doivent donc, dans ce cas, compte au débiteur, de la valeur remise, c'est-à-dire du prix de la portion du droit dont la remise les fait bénéficier (1).

Nous devons du reste ajouter que la disposition de l'article 1224-2°, que nous venons d'expliquer, est d'une application extrêmement rare, et nous ne sachons pas qu'elle se soit encore présentée devant les tribunaux.

134. De ce qu'il n'existe pas de mandat entre les divers créanciers d'une dette indivisible, il faudrait rigoureusement tirer cette conséquence que la prescription interrompue en faveur d'un créancier, soit par la demande en justice formée par le débiteur, soit par les commandements et les saisies qui lui ont été signifiés, ne devrait pas être interrompue en faveur des autres créanciers. Toutefois la loi décide formellement le contraire dans l'article 709, relatif aux servitudes. Or les dispositions des articles 709 et 710 ne sont que des conséquences de l'indivisibilité des servitudes ; et dès lors, il faut bien les étendre par analogie à tous les cas d'invisibilité. D'ailleurs ces articles sont tirés des numéros 681 et 697 de Pothier, où ce jurisconsulte s'énonce en termes généraux, et ne parle des servitudes que comme d'un exemple à citer parmi d'autres obligations indivisibles.

C'est en effet Pothier (2) que les rédacteurs du Code ont suivi en ce point : cet auteur appuyait sa doctrine de cette mauvaise raison que la dette étant indivisible, on ne peut ni la conserver ni la perdre pour partie. De là cette règle que l'interruption de prescription par un seul des créanciers profite à tous les autres. — Mieux eût valu sans doute, sans déroger aux principes généraux de la matière, établir contre les créanciers non poursuivants une présomption de remise de la dette ; on leur eût appliqué, par analogie, la disposition de

(1) M. Valette, *Leçon du 18 janvier 1854.*
(2) N° 697.

l'art. 1221-2°. Car si interrompre une prescription c'est réclamer son droit, laisser cette prescription s'accomplir n'est-ce pas faire tacitement remise de ce droit (1)?

Dans l'état actuel du droit, il faut même décider que l'obligation indivisible passant avec son caractère d'indivisibilité aux héritiers du créancier, non-seulement l'interruption faite par un créancier profite aux autres, mais encore celle intervenue au profit de l'héritier d'un créancier profite à tous. C'est là également une conséquence de l'indivisibilité.

De même que la jouissance de l'un des créanciers empêche la prescription à l'égard de tous, de même aussi la prescription suspendue vis-à-vis de l'un pour minorité ou autre cause l'est en même temps vis-à-vis de tous les autres, malgré l'absence de société entre eux (art. 710).

135. Les codébiteurs d'une dette indivisible n'étant pas plus mandataires les uns des autres que ne le sont les créanciers, l'interruption de la prescription contre l'un ne devrait pas être opposée aux autres. Ici encore cependant la loi, peu conséquente avec elle-même, a décidé le contraire dans l'art. 2249 : « L'interpellation faite à l'un des héritiers..... ou la reconnaissance de cet héritier n'interrompent pas la prescription à l'égard des autres cohéritiers..... si l'obligation *n'est indivisible.* » Ainsi, dans les obligations indivisibles, la prescription interrompue contre l'un l'est forcément contre tous les autres débiteurs. C'est un résultat d'ailleurs fort peu rationnel, puisqu'il n'existe aucune relation de droit entre les différents débiteurs ainsi appelés à se communiquer les suites de l'interruption de prescription. Mais ici encore, à l'exemple de Pothier, on s'est surtout préoccupé de cette idée qu'une créance indivisible ne peut ni se conserver ni se perdre par partie. Ici s'appliquerait donc également ce que nous avons dit relativement à l'interruption par un seul créancier. Au lieu de déclarer, contrairement aux principes, que la prescription in-

---

terrompue vis-à-vis de l'un des héritiers du débiteur, l'était aussi vis-à-vis des autres, la loi eût mieux fait sans doute d'établir qu'à l'égard des débiteurs non poursuivis, il y aurait dans ce cas présomption de remise de la dette. On eût étendu ici l'application de la règle de l'art. 1224, en la modifiant de telle façon, que le débiteur poursuivi se fît tenir compte par le créancier de la part pour laquelle il eût pu, sans la remise, recourir contre son codébiteur.

Ajoutons que ce n'est pas seulement à l'égard de tous les débiteurs que la prescription est interrompue par la poursuite ou la reconnaissance d'un seul. Mais de plus l'interruption contre un des héritiers du débiteur, produit également son effet contre tous les autres; car l'indivisibilité passant de sa nature aux héritiers du débiteur, il ne peut y avoir entre eux aucune espèce de division.

136. On a soutenu que l'interruption de prescription ne produisait un pareil effet contre les débiteurs que dans les obligations indivisibles *natura*, et non dans celles indivisibles *obligatione;* en d'autres termes, que la disposition finale de l'art. 2249 ne s'appliquait qu'à l'indivisibilité absolue définie par l'art. 1217 et non à l'indivisibilité de l'art. 1218. Nous ne voyons pas sur quel fondement pourrait reposer cette distinction. L'intention des parties, en stipulant indivisible un objet par lui-même divisible, a été d'attribuer à l'obligation tous les effets de l'indivisibilité; autrement on ne pourrait plus dire, aux termes de l'art. 1218. que l'objet de l'obligation ait été considéré par les parties sous un rapport qui le rend indivisible. Aussi le législateur, sans faire aucune distinction entre les deux sortes d'indivisibilité, leur attribue-t-il évidemment les mêmes effets. On invoque cependant l'autorité de Pothier, qui n'appliquerait, dit-on, la règle qu'aux obligations indivisibles *natura*. Effectivement, dans le n° 681 du *Traité des obligations,* Pothier parle d'une pareille indivisibilité, mais c'est seulement à titre d'exemple qu'il la cite, et sans nullement restreindre au cas de servitude dont il parle, les

effets de la règle qu'il pose. Il faut donc les étendre sans hésiter, à tous les cas d'indivisibilité proprement dite, que l'indivisibilité d'ailleurs soit *natura* ou *obligatione;* car, dès qu'elle existe, la nature en est la même, et les effets en sont aussi puissants dans les deux cas.

137. Quant à la remise, si elle est faite à l'un des débiteurs d'une dette indivisible, dira-t-on avec la loi romaine qu'elle est nulle? Le code ne prévoit pas le cas; mais nous croyons néanmoins qu'il y a lieu d'appliquer ici par analogie la disposition de l'art. 1224, où il s'agit de la remise faite par l'un des créanciers. Nous estimons donc que si la remise n'a pas pour effet direct de libérer le débiteur, ce débiteur pourra cependant se faire tenir compte par le créancier de l'estimation de la part pour laquelle, sans la remise, il aurait pu recourir contre son codébiteur. Il est vrai qu'il excipera du droit d'un tiers; mais si cette exception n'était pas admise, il en résulterait que la remise demeurerait sans effet pour celui qui l'aurait obtenue. Cette conséquence est repoussée par l'art. 1221 pour le cas où un seul créancier aurait fait la remise, et l'on doit aussi la repousser pour des motifs analogues dans l'hypothèse qui nous occupe. D'ailleurs, comme nous allons le voir aux termes de l'art. 1225, le débiteur poursuivi a le droit de mettre ses codébiteurs en cause; et alors le codébiteur excipera lui-même de la remise qui lui a été faite (1).

138. Quand l'exécution de l'obligation indivisible n'a pas eu lieu à l'amiable, il faut recourir à des poursuites contre le débiteur. Dans ce cas, l'art. 551 du code de procédure ne permettant aucune saisie mobilière ou immobilière que pour des choses liquides et certaines, il est assez rare qu'en matière d'obligations indivisibles, le créancier puisse agir tout d'abord par voie parée. Cela ne peut guère arriver que lorsque le créancier veut se faire mettre en possession de quelque droit de servitude, en vertu d'un titre exécutoire. D'ordinaire le

____

(1) Molitor, *Des obligations en droit romain*, n° 269.

créancier est obligé de s'adresser d'abord à la justice. Il peut alors à son choix actionner tous les débiteurs ou n'en actionner qu'un seul.

S'il n'en actionne qu'un, aux termes de l'art. 1225, « l'héritier du débiteur (et il y a même raison de décider pour le codébiteur), assigné pour la totalité de l'obligation, peut demander un délai pour mettre en cause ses cohéritiers, à moins que la dette ne soit de nature à ne pouvoir être acquittée que par l'héritier actionné, qui peut alors être condamné seul, sauf son recours en indemnité contre ses cohéritiers. »

139. Mais dans quel but le débiteur actionné mettra-t-il ses codébiteurs en cause? Il faut à cet égard consulter Pothier (1), dont les dispositions ont été à peu près reproduites dans l'art. 1225. Pothier distingue, avec Dumoulin, trois cas possibles relativement à la position des héritiers du débiteur : — Ou la dette est de nature à pouvoir être acquittée séparément par chacun des codébiteurs; ou elle est de nature à ne pouvoir être acquittée que par tous conjointement; ou enfin elle est de nature à ne pouvoir être acquittée que par le débiteur assigné.

140. Premier cas. — *La dette est de nature à être acquittée séparément par chacun des codébiteurs.* Après avoir contracté envers vous l'obligation de bâtir une maison sur votre terrain, je meurs laissant trois héritiers : la chose qui fait l'objet de l'obligation est une chose indivisible, et qui de sa nature peut être acquittée séparément par chacun des codébiteurs. Le créancier peut donc conclure contre celui d'entre eux qu'il assigne, à ce qu'il soit condamné à faire la maison entière; mais comme le débiteur assigné, quoique débiteur de toute la construction de la maison, n'en est pas néanmoins débiteur solidaire, et n'est tenu du tout que par suite de l'impossibilité d'une prestation partielle de la maison à construire, il a le droit de mettre tous ses codébiteurs

en cause et de demander qu'ils soient tous condamnés, conjointement avec lui, à l'accomplissement de l'obligation, ou, faute par eux de l'accomplir, à payer chacun pour sa part et portion des dommages-intérêts.

141. Il est de droit commun, aux termes de l'art. 175 du Code de procédure civile, que toute personne actionnée peut appeler ses garants en cause pour faire statuer, par un seul et même jugement, sur la demande formée contre elle par le créancier, et sur sa demande en recours contre ses codébiteurs. Ce n'est plus cela dont il s'agit ici. Le codébiteur d'une obligation indivisible n'exerce pas seulement son recours en garantie contre les autres, mais il a de plus le droit de demander que chacun de ses codébiteurs soit condamné à concourir avec lui à l'exécution de l'obligation, et, faute de le faire, qu'ils soient *tous*, mais *chacun* seulement *pour sa part*, condamnés à payer des dommages-intérêts.

C'est qu'en effet l'indivisibilité résulte uniquement de la nature de la chose due. Chaque débiteur n'est réellement tenu que de sa part, et si l'obligation indivisible doit cependant être acquittée, pour le tout, par chacun des codébiteurs, c'est uniquement, nous le répétons, parce que la chose qu'elle a pour objet n'est pas susceptible de parties ; mais que cet obstacle disparaisse, et c'est ce qui arrive lorsqu'une somme d'argent se trouve substituée à la chose due, alors on rentre dans le droit commun ; l'obligation devient divisible. C'est ainsi que l'obligation indivisible se convertit en une obligation divisible, lorsqu'elle aboutit à des dommages-intérêts. Le débiteur assigné pour le total pourra, par suite, appeler ses codébiteurs en cause, pour qu'ils aient à fournir leur part de la dette, ou que la condamnation soit distribuée entre tous. C'est à cet effet que l'art. 1225 lui permet d'obtenir un délai.

142. Mais, bien entendu, le débiteur assigné qui néglige d'appeler ses codébiteurs en cause, est seul condamné et condamné pour le tout aux dommages-intérêts : il est condamné pour le tout parce que s'étant seul chargé de la cause, il est

alors réputé avoir pris à sa charge, dans ses rapports avec le créancier, toutes les conséquences de l'inexécution de l'obligation, sauf son recours contre ses codébiteurs.

143. Du reste, le principe posé en l'art. 1225 est peu applicable en pratique, et l'exemple rapporté plus haut se présentera rarement. Car, en général, les héritiers de celui qui promet une construction ne seront pas tenus de son obligation, aux termes de l'art. 1795 sur le louage d'ouvrage.

Toutefois on peut encore citer comme exemple de ce premier cas la promesse de faire avoir une servitude sur le fonds d'autrui ; tous les héritiers du débiteur peuvent également s'adresser au tiers, pour en obtenir l'établissement de la servitude. Si donc un seul est actionné, il pourra appeler les autres en cause, pour faire distribuer la condamnation entre tous, aux termes de l'art. 1225.

144. Deuxième cas. — *La dette est de nature à ne pouvoir être acquittée que par tous les débiteurs conjointement.* Après m'être engagé à construire un aqueduc sur mon champ, afin de faire arriver jusque sur le vôtre, l'eau d'une source qui est dans le mien, je meurs laissant plusieurs héritiers : tant qu'ils sont dans l'indivision, l'obligation que j'ai contractée envers vous ne peut être accomplie que par tous mes héritiers conjointement ; l'aqueduc ne peut être établi que du consentement de chacun des copropriétaires du champ sur lequel doivent être faits les travaux.

Dans cette hypothèse, le créancier peut agir pour le tout contre celui des débiteurs qu'il lui plaît de choisir, sauf à ce dernier à mettre en cause ses codébiteurs, afin qu'ils consentent avec lui, et fassent procéder conjointement à l'établissement de l'aqueduc. En cas de refus, le créancier peut les faire condamner à des dommages-intérêts ; mais, comme dans le premier cas, la condamnation se divise ici entre tous les débiteurs au prorata de leur part héréditaire. Toutefois si l'un d'eux déclare qu'il est prêt, autant qu'il est en lui, à exécuter l'obligation, celui-ci n'étant pas en faute ne doit supporter aucune portion des dommages-intérêts. Il a fait tout ce qu'il pouvait : il n'est tenu de rien de plus (1).

Enfin, comme dans la première espèce, le débiteur assigné seul qui néglige d'appeler ses codébiteurs en cause, est seul condamné et condamné pour le tout aux dommages-intérêts, sauf son recours contre ses codébiteurs.

145. Troisième cas. — *L'obligation est de nature à ne pouvoir être acquittée que par le débiteur poursuivi.* Tel est par exemple le cas où, en reprenant l'espèce précédente, le champ sur lequel doit être établi l'aqueduc est tombé par le partage dans le lot de l'un des héritiers du débiteur. Pothier, à cet égard, supposait évidemment le cas, si fréquent dans l'ancien droit, de successions à différentes espèces de biens ; ce qui aujourd'hui ne peut plus en général se présenter chez nous. Il faut supposer tout simplement qu'un héritier ou un légataire à titre universel, en prenant le mot héritier, *lato sensu*, a le champ dans son lot. Cet héritier peut seul accomplir l'obligation ; car étant seul propriétaire, lui seul peut consentir à l'établissement de l'aqueduc. Dans cette hypothèse, il est nécessairement condamné seul et pour le tout à l'exécution de l'obligation, et en cas d'inexécution, à des dommages-intérêts. Il peut, il est vrai, demander un délai pour mettre ses codébiteurs en cause, mais ce n'est pas, comme dans les deux premières hypothèses, pour faire diviser la condamnation, qu'il est autorisé à les lier au procès ; c'est uniquement pour faire prononcer par un seul et même jugement sur la demande formée contre lui et sur sa demande en garantie contre ses cohéritiers. Il conserve le recours ordinaire en garantie dont parle l'art. 175 du C. de proc. civ.; mais il ne jouit plus de la faveur spéciale accordée par l'art. 1225 ; et l'exception même que cet article apporte ici à la règle qu'il pose, en montre clairement la portée.

Dans l'ancien droit, on présentait comme exemple de ce

---

(1) Pothier, n° 334.

cas la promesse d'une servitude à établir sur le fonds du débiteur. Mais aujourd'hui qu'une pareille servitude serait immédiatement constituée par le seul effet de la convention, l'exemple ne peut plus être donné, et au lieu d'une servitude, il faut
supposer un simple droit de créance.

146. Nous croyons, du reste, que si un seul héritier peut
être condamné pour le tout, les autres ne sont pas moins tenus
de leur part héréditaire. Ils représentent le défunt pour cette
part, et dans la limite de cette part, ils pourront être condamnés, comme il l'eût été lui-même au cas d'inexécution. Il pouvait bien autrefois, en être autrement du cas où les héritiers se
trouvaient succéder séparément à différentes espèces de biens ;
mais c'est qu'alors ceux qui ne succédaient pas à l'espèce de
biens dont faisait partie l'objet de l'obligation, ne représen-
taient pas le défunt, quant à ces biens pour lesquels ils n'é-
taient pas héritiers. La dette était donc pour eux *res inter alios
acta*, ce qui n'a plus lieu aujourd'hui (1).

147. La doctrine que nous venons d'exposer ressort des
textes du droit romain. La loi 3. 3, *Commodati vel contra*, dont
nous avons déjà eu occasion de parler, décide que celui-là est
tenu de restituer l'objet prêté en entier, *qui est en état de le
restituer*, et s'il ne le restitue pas, il est condamné pour le
tout. *Pro ea parte qua heres est convenitur, nisi forte habuit
facultatem totius rei restituendæ, nec faciat : tunc enim condemnatur in solidum* (2). Auquel cas son recours aura lieu
contre les autres pour la part de valeur qu'il a payée à leur
place, mais non pour les dommages-intérêts qu'il a encourus par
sa faute, en ne restituant pas, alors que seul il le pouvait faire.

148. De ce qui précède, il ressort avec évidence que
l'art. 1225 énonce une règle toute spéciale pour le cas d'indivisibilité. Ce n'est plus une simple question de procédure,
comme au cas de l'art. 175 précité ; c'est une disposition qui

---

(1) M. Valette, *Leçon du 18 janvier 1851.*
(2) L. 3. 3, *Comm. vel contra.*

touche au fond même du droit. Le fardeau de la dette doit être divisé entre les codébiteurs de l'obligation indivisible, à moins qu'elle ne soit de nature à ne pouvoir être acquittée que par un seul. Dans ce dernier cas, on revient au droit commun, et le débiteur condamné pour le tout conserve son recours, conformément à l'art. 175.

. Il se présentait autrefois une hypothèse où la règle et l'exception se trouvaient réunies d'une manière frappante ; c'est quand à la promesse d'une servitude sur le fonds du débiteur, on supposait jointe la promesse de l'entretenir.

Chacun des héritiers est en position d'exécuter seul les travaux d'entretien. Celui donc qui est actionné n'a qu'à demander un délai et à mettre les autres en cause, pour faire distribuer la condamnation entre tous, aux termes de l'art. 1225.

La servitude, au contraire, qui aujourd'hui existe par le seul effet de la convention, ne pouvait être constituée dans l'ancien droit que par celui qui avait le fonds asservi dans son lot. Celui-là devait donc, sur les poursuites du créancier, être condamné pour le tout. Il pouvait bien encore appeler ses codébiteurs en cause, mais c'était simplement pour faire statuer sur son recours en garantie , comme dans l'art. 175 du Code de procédure civile. C'est l'exception placée à côté de la règle, telles que les présente notre art. 1225 (1).

. 149. Si l'obligation indivisible n'est pas exécutée, elle se convertit naturellement en dommages-intérêts. Ces dommages-intérêts, consistant en argent, sont parfaitement divisibles, et comme c'était seulement par l'impossibilité de diviser l'objet dû que chaque débiteur devait le tout, le caractère de la dette changeant avec sa nature, les dommages-intérêts se diviseront entre tous les débiteurs, et chacun n'en sera tenu que pour sa part.

150. Celui des débiteurs par la faute ou le fait duquel se trouve opérée cette réduction en dommages-intérêts, est seul

____

(1) M. Valette, *Leçon du 18 janvier 1851.*

responsable de l'inexécution : il pourra donc être poursuivi pour la totalité des dommages-intérêts, non pas sans doute à cause de l'obligation et *tanquam heres*, mais *quasi ex proprio facto*, et à cause du fait émané de lui qui a changé le caractère de l'obligation.

Si l'objet dû a péri par la faute de plusieurs, chacun des coupables sera également tenu du tout.

151. D'un autre côté, dès que la chose indivisible périt par la faute de l'un des débiteurs, les autres sont totalement libérés de leur obligation. La valeur de la chose périe, ainsi que les autres dommages-intérêts qui peuvent être dus, sont uniquement à la charge du débiteur coupable. A l'impossible nul n'est tenu : quand l'obligation indivisible ne peut plus être exécutée, soit par la destruction de l'objet, soit pour toute autre cause, cette obligation est éteinte. Or les codébiteurs d'une dette indivisible n'ont pas mandat de se représenter l'un l'autre dans l'obligation, et la faute de l'un d'eux est considérée par rapport aux autres comme un cas fortuit, dont ils ne sont pas responsables aux termes de l'art. 1147 du Code Napoléon (1).

152. Toutefois, il en est autrement dans le cas où la dette indivisible est accompagnée d'une clause pénale; car alors, d'après Pothier (2), le Code décide en l'art. 1232, que « la peine est encourue par la contravention d'un seul des héritiers du débiteur, et elle peut être demandée soit en totalité contre celui qui a fait la contravention, soit contre chacun des héritiers pour leur part et portion, sauf leur recours contre celui qui a fait encourir la peine. »

Vous m'avez promis de me laisser passer sur votre fonds, qui est voisin du mien : il a été convenu que vous me payeriez 000 fr. à titre de peine, si vous apportiez quelque obstacle à l'exercice de mon droit : vous mourez laissant trois héritiers :

---

(1) Pothier, nᵒˢ 331 et 336.
(2) Nᵒˢ 375 et suiv.

l'un d'eux, sans la participation et contre le gré des autres, ferme le passage : la peine est encourue, et encourue pour le tout : elle peut être demandée non-seulement à l'héritier contrevenant, mais encore à ceux qui ont respecté l'obligation. Seulement, afin d'éviter les circuits d'actions, l'héritier coupable peut être poursuivi pour le tout , tandis que les héritiers non coupables ne peuvent l'être que pour leur part et portion. Ainsi le créancier est le maître de demander ou 900 fr. à l'héritier contrevenant, ou 300 fr. à chacun des héritiers.

153. Cette théorie, bien que le Code l'ait empruntée à Pothier, est justement critiquée. Aux termes de l'art. 1147, le débiteur n'est point tenu des dommages-intérêts, lorsqu'il prouve que l'inexécution de l'obligation provient d'une cause étrangère qui ne peut lui être imputée. Pourquoi les rendre responsables d'une contravention qu'ils n'ont point commise, qu'ils n'ont même pas pu empêcher? Si l'obligation dans l'espèce n'eût pas été accompagnée d'une clause pénale, l'héritier contrevenant eût été seul débiteur des dommages-intérêts résultant de la contravention ; pourquoi ne pas suivre la même règle lorsque l'obligation est accompagnée d'une clause pénale, puisque la peine tient lieu des dommages-intérêts qu'elle représente (1)?

Nous savons qu'il n'existe aucun lien ni rapport de droit entre les codébiteurs d'une dette indivisible : dès lors, quelle raison y avait-il de mettre la faute d'un seul à la charge de tous?

On ne peut expliquer ce système qu'en le rattachant aux règles subtiles et rigoureuses des stipulations romaines. Lorsqu'une stipulation était faite avec clause pénale, la clause pénale était considérée comme une seconde stipulation subordonnée à cette condition suspensive, *si la promesse n'est pas exécutée;* et dès qu'elle ne l'était pas, soit par la faute de tous les héritiers, soit par la faute d'un seul, la condition à laquelle était subordonnée la validité de la seconde stipulation

---

(1) Rodière, n°ˢ 371 et suiv.

se trouvant accomplie, chacun des héritiers était tenu de l'exécuter; mais, bien entendu, les innocents avaient leur recours contre le coupable (1).

154. De même que nous avons vu la condamnation aux dommages-intérêts se diviser entre plusieurs débiteurs, de même chaque créancier n'aura aussi que sa part dans les dommages-intérêts.

Le Code ne renferme aucune disposition spéciale au cas où, dans une obligation avec clause pénale, il y a plusieurs créanciers. Nous croyons que si l'obligation principale, même indivisible, comme celle de *laisser passer*, a été exécutée à l'égard de l'un des créanciers ou à l'égard de l'un des héritiers du stipulant, le créancier envers lequel l'obligation n'a pas été exécutée, aura seul le droit de poursuivre la peine à concurrence de la part qu'il a dans la créance. Cela nous semble résulter tant de l'art. 1221, où il est dit que le juge peut modifier la peine, quand l'obligation principale a été en partie exécutée, que des dispositions de l'art. 1229, d'après lequel la peine ne doit, en général, être considérée que comme la compensation des dommages-intérêts résultant de l'inexécution de l'obligation. Il en était ainsi en droit romain ; car si toute la peine était due *en droit strict*, par l'inexécution à l'égard d'un seul des héritiers du créancier, les héritiers envers qui l'obligation avait été exécutée, n'en étaient pas moins repoussés par l'exception de dol, *sed qui non sunt prohibiti doli mali exceptione summovebuntur* (2). Puisqu'ils ne sont pas lésés, ils n'ont pas d'intérêt et dès lors ne doivent pas avoir d'action : nous croyons donc que la décision s'appliquerait encore aujourd'hui (3).

155. La clause pénale consistant le plus souvent en une somme d'argent, sera en général divisible ; mais elle peut

---

(1) M. Valette, *Leçon* du 23 janvier 1851.— M. Bugnet sur Pothier, n° 362, note 2.

(2) L. 2. 6, *De verb. oblig.*

(3) Molitor, n° 168.

aussi consister en un objet indivisible, alors même que l'obligation principale serait divisible. Supposons, par exemple, la promesse de creuser tant de mètres de fossé pour l'écoulement des eaux, à peine de me constituer un droit de passage. L'obligation principale est exécutée en partie seulement : comment fera le juge pour modifier la peine conformément au principe de l'art. 1231 ? Il y a lieu d'appliquer à ce cas par analogie la disposition du § 2 de l'art. 1224, relatif à la remise de la dette indivisible par un des créanciers. La peine sera due tout entière, puisque l'objet n'en est pas divisible ; mais le créancier devra tenir compte à son débiteur de l'estimation de la portion exécutée (1).

186. De ce que dans l'obligation indivisible le créancier peut se borner à poursuivre un seul débiteur, ce n'est pas à dire du reste que le jugement obtenu contre ce débiteur unique ait l'autorité de la chose jugée vis-à-vis des autres, ceux-ci n'ayant nullement chargé leur codébiteur de les défendre. Nous avons vu que la question était controversée en droit romain. Le jugement au contraire qui relaxerait le débiteur assigné, semblerait devoir profiter à ses codébiteurs, parce que le mandat d'un débiteur à son codébiteur se suppose facilement chez vous, toutes les fois qu'il s'agit de faire leur condition commune meilleure (2).

CHAPITRE III.

DES EFFETS DE LA DIVISIBILITÉ.

187. Nous savons que la chose ou le fait divisible est celui qui est susceptible de division soit matérielle, soit même seulement intellectuelle.

Ainsi le droit de propriété sur les objets matériels est

---

(1) M. Valette, *Leçon du 23 janvier 1851.*
(2) Rodière, n° 370.

toujours susceptible de division, quoique les objets sur lesquels porte ce droit ne soient pas toujours divisibles. On peut être propriétaire pour une moitié, pour un tiers, pour un quart d'un cheval, d'une statue, d'un tableau, d'un livre, d'un manuscrit, aussi bien que d'un champ ou d'un monceau de blé.

Toutes les fois, par exemple, qu'une succession s'ouvre, les héritiers, jusqu'au partage, sont copropriétaires, dans la proportion de leur part héréditaire, de tous les objets qui composent cette succession. Chacun doit donc pouvoir user à son tour, et dans la proportion de son droit, de tous les objets qui composent l'hérédité, des ustensiles, meubles, voitures, chevaux, argenterie, instruments de chasse ou de pêche, aussi bien que des maisons ou des fermes. S'ils ne peuvent s'entendre sur le mode de la jouissance, c'est au juge à le régler, jusqu'à ce que le partage ait été fait ou que la licitation ait eu lieu.

158. Le droit d'usufruit est divisible comme le droit de propriété; c'est une chose indubitable. On peut parfaitement être usufruitier d'un objet pour un quart, un tiers, une moitié. L'époux survivant auquel le prédécédé a donné ou légué l'usufruit de la moitié de ses biens, a jusqu'au partage le droit de jouir pour moitié de tous les objets mobiliers ou immobiliers qui composent l'hérédité.

159. Il est des servitudes qui peuvent également se comprendre divisées, quant à leur utilité, par portions aliquotes : telle une servitude de prise d'eau, un droit de pacage pour un certain nombre de têtes, un droit d'extraction d'une certaine quantité de pierre, de sable, de marne, etc. Ces servitudes ne sont donc pas indivisibles par leur nature, et Dumoulin (1), en effet, les range parmi les droits divisibles. Mais nous avons déjà dit que les rédacteurs du Code paraissent avoir envisagé les servitudes sous un autre point de vue, et partant, les avoir considérées toutes comme indivisibles (arg. des art. 709 et 710).

---

(1) 3ᵉ pars, nᵒ 201.

160. Avant Dumoulin, les auteurs regardaient généralement l'obligation de faire et celle de ne pas faire comme indivisibles; mais Dumoulin (1) a parfaitement prouvé qu'elles sont souvent l'une et l'autre susceptibles de division. Comme l'obligation de donner, elles ne sont indivisibles qu'autant que l'esprit n'y peut point saisir de parties, ou qu'il a été manifestement dans l'intention des contractants qu'elles ne reçussent point de division.

Deux personnes, par exemple, ont contracté sans solidarité l'obligation de creuser cent mètres de fossé, de défricher cent hectares de terres incultes, de planter cinq cents arbres le long d'un rivage; chacune d'elles sera libérée en remplissant la moitié de l'obligation. De même, si l'obligation a été contractée par une seule personne, elle se divisera entre ses héritiers, suivant leur part héréditaire.

Si l'obligation consistait à clore une propriété par des fossés, à défricher toute une forêt, à planter tout un rivage, elle serait encore divisible par sa nature; mais elle serait indivisible d'après l'intention des parties, parce qu'une exécution partielle ne procurerait que peu d'utilité, et que dès lors la division serait contraire à la convention.

161. L'obligation de ne pas faire peut aussi être divisible. Nous transigeons sur un procès, et je m'engage à ne plus réclamer l'immeuble qui en faisait l'objet. L'obligation est divisible, car on y peut satisfaire pour partie. Je puis y contrevenir pour partie, en revendiquant une partie seulement de l'immeuble, et y satisfaire en partie en m'abstenant de revendiquer l'autre partie (2). Mes héritiers le peuvent également.

De même encore si, pour faciliter la vente de vos denrées, je m'oblige à ne pas vendre moi-même ma récolte de trois ou de six mois, celui de mes héritiers qui en vendrait la moitié ne

---

(1) 2ᵉ pars, nᵒ 367, et 3ᵉ pars, nᵒ 211.
(2) Pothier, nᵒ 289.

contreviendrait que pour moitié, et n'encourrait les dommages-intérêts que pour sa part.

Il faut pourtant convenir que l'obligation de ne pas faire est presque toujours indivisible, sinon par sa nature, du moins dans l'intention des parties.

Si, par exemple, je m'engage envers vous à ne pas élever un mur dans une longueur de vingt mètres, ce n'est pas à dire, si je l'élève sur une longueur de dix mètres, que je ne contrevienne qu'à la moitié de mon obligation, et que je n'encoure condamnation que pour cette moitié; car si la partie que j'ai élevée se trouve précisément devant vos fenêtres, il est clair que l'exhaussement de cette partie vous cause plus de dommage, que ne vous en aurait causé l'exhaussement de l'autre.

162. Une obligation susceptible de division n'est pas par cela même divisée; au contraire, le principe de la divisibilité des obligations ne reçoit son application qu'entre les codébiteurs, les cocréanciers et les héritiers des uns et des autres. Entre le débiteur et le créancier, l'obligation doit s'exécuter comme si elle était indivisible, par le motif que la division ne doit pas dépendre du seul caprice du débiteur, et que toutes les obligations doivent être exécutées de bonne foi.

L'art. 1220 contient sur ce point une disposition formelle : « L'obligation qui est susceptible de division, y est-il dit, doit être exécutée entre le créancier et le débiteur comme si elle était indivisible. La divisibilité n'a d'application qu'à l'égard de leurs héritiers, qui ne peuvent demander la dette, et qui ne sont tenus de la payer que pour les parts dont ils sont saisis ou dont ils sont tenus, comme représentant le créancier ou le débiteur. » La seconde partie de cet article est seulement rédigée d'une manière trop restrictive, parce qu'il est indubitable que la division s'applique aussi bien aux cocréanciers et aux codébiteurs qu'aux héritiers du débiteur et du créancier.

163. La règle que le débiteur ne peut diviser son obligation, est principalement fondée sur ce que toute obligation doit être

exécutée de bonne foi. De là deux conséquences importantes(1).

La première, c'est que lorsque la bonne foi du débiteur est reconnue par les juges, ils peuvent l'autoriser à se libérer par parties. L'art. 1244 du Code Nap. dispose en effet : « Le débiteur ne peut point forcer le créancier à recevoir en partie le payement d'une dette même divisible. Les juges peuvent *néanmoins*, en considération de la position du débiteur, et en usant de ce pouvoir avec une grande réserve, accorder des *délais modérés* pour le payement, et surseoir à l'exécution des poursuites, toutes choses demeurant en état. » La corrélation des deux dispositions de ce text' indique manifestement que les juges peuvent permettre au débiteur de bonne foi de se libérer par payements brisés.

Une autre conséquence, c'est qu'en sens inverse le débiteur ne peut pas scinder le payement, quand même le créancier serait obligé de recevoir un payement partiel de toute autre personne qui lui en ferait l'offre. Si une caution, par exemple, a garanti une partie seulement de la somme, nul doute qu'elle ne puisse obliger le créancier à recevoir cette partie, et nul doute aussi qu'un tiers, quel qu'il soit, n'ait le même droit au nom de la caution (art. 1236). Le débiteur pourtant ne peut pas ce que pourrait toute autre personne, parce que ce serait de sa part une brèche à la bonne foi. La question était controversée entre les anciens jurisconsultes; mais Dumoulin la résout dans ce sens (2).

104. Cette considération résout la question de savoir si l'obligation doit être exécutée comme indivisible lorsque, unique dans le principe, elle n'avait été divisée sur plusieurs têtes que postérieurement, et qu'elle est ensuite réunie activement ou passivement sur la même. L'affirmative ne nous semble pas douteuse, et c'était aussi la doctrine de Dumoulin (3). Le débiteur de plusieurs dettes peut, il est vrai, quoi-

---

(1) Rodière, n° 359.
(2) 2ᵉ pars, nᵒˢ 50 et suiv.
(3) 2ᵉ pars, nᵒˢ 20 et 21.

que toutes soient échues, n'en acquitter qu'une, et il a la
droit de déclarer quelle est celle qu'il entend acquitter (article 1253). Mais quand c'est la même dette, qui n'avait été
divisée qu'après le contrat, la bonne foi ne permet point qu'il
offre un payement partiel qui serait dommageable au créancier. Ainsi la réunion des différentes parts de la dette, de quelque manière qu'elle s'opère, par succession, par legs ou par
cession entre-vifs, fait immédiatement cesser chez le débiteur
la faculté de payer par portions.

Toutefois, si la dette s'était divisée dès l'origine entre plusieurs créanciers ou plusieurs débiteurs, il faudrait suivre évidemment une règle différente, puisqu'il y aurait eu alors en
réalité autant de dettes que de créanciers et de débiteurs : le
caractère originaire de la division ne pourrait plus s'effacer
dans la suite, par la réunion accidentelle de toutes les parties
de l'obligation sur une même tête (1).

Il faut, bien entendu, pour que dans le premier cas un
payement partiel ne puisse plus s'opérer, que la confusion soit
complète. Si, par exemple, le débiteur devait une part purement et simplement, l'autre sous bénéfice d'inventaire, il pourrait fort bien ne payer que la première, comme un tuteur de
plusieurs pupilles, qui n'est en mesure de payer que pour un
seul, peut obliger le créancier à recevoir la part de celui-là,
sauf au créancier à poursuivre immédiatement les autres.

165. L'obligation divisible se divise de plein droit entre les
créanciers stipulants, les débiteurs promettants et les héritiers du créancier ou du débiteur.

Entre les stipulants ou entre les promettants, elle se divise
par portions viriles, à moins que l'acte n'indique clairement
que la division doit se faire sur d'autres bases. Primus et Secundus, par exemple, vendent pour un seul prix un immeuble qui appartient pour les trois quarts au premier, pour un
quart seulement au second. Si cette circonstance est indiquée

----

(1) Dumoulin, 2ª pars, nº 29.

dans l'acte, Primus sera évidemment créancier des trois quarts du prix ; Secundus, du quart seulement. Mais si l'acte ne mentionne pas cette circonstance, la division s'opère par moitié vis-à-vis de l'acheteur, qui se libérera valablement en payant à Secundus la moitié de son prix, tout dol et fraude cessant.

Entre les héritiers la division s'opère, non pas par portions viriles, mais par portions héréditaires, que l'autre partie est réputée connaître. Tous les auteurs s'accordent à reconnaître que dans l'art. 873 du Code, les mots *part virile* doivent être entendus dans le sens de *part héréditaire* (1). Si le créancier, par exemple, meurt *ab intestat*, laissant pour héritiers son père et son frère, la créance passe au père pour un quart seulement, et au frère pour les trois quarts, en sorte que le débiteur qui payerait la moitié au père ne serait valablement libéré que du quart.

Le partage peut modifier ensuite cette division légale, soit entre les héritiers du créancier, soit entre les héritiers du débiteur.

Le partage, par exemple, peut attribuer la totalité de la créance à un seul des héritiers du créancier. Mais pour que cette attribution lie le débiteur, il faut que l'acte de partage lui ait été notifié. Jusqu'à cette notification, il se libère valablement en se conformant à la décision de la loi.

Les héritiers du débiteur peuvent aussi charger l'un d'eux de payer toute la dette ; mais cette délégation, aux termes de l'art. 1275 du Code Napoléon, ne les libère de leur part qu'autant que le créancier, en acceptant la délégation, leur a donné décharge.

166. On s'est demandé à ce propos, si le principe de l'art. 883, que le partage est non pas translatif mais déclaratif de propriété, est applicable aux créances. Soit une créance de 1,000 fr. et deux héritiers par égales portions, Primus et Secundus. Cette créance a été comprise dans l'un

____

(1) M. Bugnet sur Pothier, n° 299, note 1.

des lots, le partage est-il, quant à cette créance, déclaratif ou translatif de propriété? Primus, dans le lot duquel elle a été mise, est-il censé avoir toujours eu, c'est-à-dire du jour même de l'ouverture de la succession, la propriété exclusive de cette créance? Est-il censé la tenir tout entière du défunt? La tient-il au contraire pour une moitié du chef du défunt, et pour l'autre moitié du chef de son cohéritier Secundus? En d'autres termes, l'opération intervenue entre les deux héritiers est-elle un partage proprement dit ou une cession?

167. Plusieurs questions dépendent de la solution de celle-ci, et sans entrer dans des détails qui nous entraîneraient trop loin, nous dirons : Si Primus, qui a dans son lot la créance entière, est un véritable cessionnaire de la part de créance qui appartient à Secundus, le partage ne lui transmet sur cette part qu'une propriété relative ; il n'en est saisi à l'égard des tiers qu'à partir du moment où il a obtenu du débiteur cédé une acceptation authentique de la cession, ou qu'il la lui a fait notifier : jusqu'à l'accomplissement de l'une ou de l'autre de ces formalités, la portion de la créance qui appartenait au cédant reste sur sa tête, avec toutes les conséquences de droit. Aucune de ces conséquences, au contraire, n'est possible, si l'opération intervenue entre Primus et Secundus est un partage régi par le principe de l'art. 883 ; alors, en effet, la créance est réputée n'avoir jamais appartenu à Secundus : Primus en a eu la propriété exclusive, dès l'ouverture de la succession.

168. Nous croyons fermement que l'art. 883 n'est et ne peut être applicable qu'aux objets qui peuvent faire la matière d'un partage, c'est-à-dire aux objets qui sont dans l'indivision. Or les créances qu'a laissées le défunt ne sont pas dans l'indivision : car la loi les divisant à priori, les partage elle-même entre les héritiers; chacun d'eux reçoit une fraction de chacune des créances. C'est ce qui ressort de l'art. 1220.

Mais, dit-on, il résulte des termes de l'art. 832 que les

créances laissées par le défunt peuvent être comprises dans le partage : l'art. 883 leur est donc applicable, puisqu'il régit tous les biens que les héritiers ont partagés entre eux. Il suffit de répondre que l'art. 832 est étranger aux effets du partage : il a uniquement pour but d'indiquer la manière dont les lots doivent être faits. Mais la convention par laquelle les héritiers sont convenus que la créance entière appartiendra à l'un d'eux, n'est pas, quant à cette créance, un partage, puisque cette créance n'était pas dans l'indivision. C'est une cession que l'un d'eux fait à l'autre à titre d'indemnité. La portion de créance qu'il lui abandonne est une soulte qu'il paye : peu importe qu'il la paye avec la fraction de créance que le défunt lui a transmise et qui déjà est entrée dans son patrimoine, ou avec tout autre bien (1).

169. Chaque héritier ne doit jamais que sa part de dette, car il ne représente le défunt que dans la limite de cette part : si donc l'autre héritier devient insolvable, c'est tant pis pour le créancier, toute fraude cessant, bien entendu.

La division entre les différents héritiers du débiteur paraît pourtant ne devoir s'opérer qu'à l'égard de ceux qui sont solvables, lorsqu'ils acceptent la succession. Si l'un des successibles, par exemple, a reçu en avancement d'hoirie au delà de ce à quoi il peut prétendre en acceptant la succession, et que ce successible, devenu insolvable, accepte pourtant, il est difficile d'expliquer son acceptation autrement que par l'intention de nuire aux créanciers et de procurer aux autres héritiers un bénéfice injuste : les tribunaux devraient, par conséquent, tenir l'acceptation pour non avenue. *Hoc enim est injustum*, dit Dumoulin, *nec suspicione collusionis vacat* (2). Peut-être le devraient-ils dans le cas même où cette acceptation paraîtrait avoir eu lieu de bonne foi, parce que la maxime de la division des dettes, qui n'est qu'une maxime civile, semble devoir être

---

(1) L. 3, *Fam. ercisc.*
(2) M. Bugnet sur Pothier, n° 310, note 1.

primée par la maxime de droit naturel : *Nemo potest locupletari detrimento alterius.* Or cette dernière maxime serait violée si l'acceptation, même loyale, d'un héritier pouvait devenir pour les autres l'occasion d'un gain, en ce que, sans atténuer leur part, elle les dispenserait de payer une partie des dettes (1).

Il faudrait donc décider, en ce sens, que la division des dettes ne s'opère qu'autant que les héritiers sont dans une position telle, que chacun a dans la part de biens à lui dévolue de quoi payer sa part des dettes ; et qu'ainsi l'insolvabilité ultérieure de quelques-uns d'entre eux peut être imputée à faute aux créanciers, qui n'ont pas été à son égard assez prévoyants ou assez diligents.

170. Il est des héritiers, comme on sait, tels que l'ascendant donateur, qui ne succèdent qu'à certains biens déterminés. Ils ne font pas nombre en cette qualité pour la division de la créance ; car ou elle revient tout entière à l'ascendant qui l'aurait donnée, ou elle ne lui revient pour aucune part, si elle a été soldée. Quant à la dette, ils peuvent être poursuivis pour leur part ; car, aux termes de l'art. 724, tout héritier est tenu des dettes. Or, pour le bien donné, c'est l'ascendant qui est héritier : les autres successibles ne le sont pas, et, dès lors, aucun texte ne permet de les poursuivre pour la portion de dettes incombant au premier (2).

171. Les obligations dont on conçoit le plus aisément la division sont les obligations de quantités, comme celles d'une somme d'argent, ou d'une certaine quantité de blé ou d'autres denrées. L'obligation ne laisse pas pourtant d'être divisible, parce qu'elle porte sur des individus déterminés. Seulement la division n'emporte nullement la section matérielle de l'objet : ce serait, dit Dumoulin, entendre la division à la *manière des gladiateurs* : elle n'emporte que la division du droit à cet objet. De même, par exemple, qu'on comprend parfaitement

---

(1) Dumoulin, p. 2, n° 93 ; *Comment. sur la cout. de Paris*, § 150 ; Rodière, n° 351.

(2) Marcadé, sur l'art. 813, p. 2, à la note.

que la propriété d'un objet même non partageable se divise
entre deux ou plusieurs propriétaires, on conçoit aussi aisément que l'obligation relative à cet objet puisse se diviser de
la même manière; car l'obligation est du moins l'achemine-
ment à la propriété quand elle n'en est pas, ce qui arrive assez
rarement dans nos lois, la cause efficiente et immédiate. On
peut donc être créancier ou débiteur d'un cheval pour un
quart, comme on peut être propriétaire d'un cheval pour un
quart. Il peut seulement y avoir dans ce cas, et il y a, en effet,
presque toujours une exception au principe de la divisibilité,
du côté du débiteur, dont nous aurons à parler bientôt.

172. L'obligation peut porter sur des objets déterminés seulement quant à l'espèce. Bien des titres d'anciennes rentes,
par exemple, obligent le débiteur à payer un certain nombre
de têtes de volaille. Dans ce cas, si le nombre des héritiers
correspond exactement à celui des objets qui sont dans l'obligation, en ce sens que ce dernier chiffre est égal à l'autre ou
en forme un multiple exact, chacun des héritiers ne doit qu'un
nombre fixe (1). Si le chiffre des objets dus n'est pas un divi-
seur exact du nombre des héritiers, mais qu'il soit plus élevé,
il faut, pour faciliter autant que possible la libération, chercher
le quotient, et ne laisser dans l'indivision que le reste, pour
employer les termes de l'arithmétique. Que si le chiffre des héritiers dépasse celui des objets dus, il est clair qu'il ne peut
plus y avoir de division *concrète* ou effective, et qu'on doit s'en
tenir à la division abstraite *pro indiviso*.

Le défunt, par exemple, devait quatre têtes de volaille, et
il laisse quatre héritiers ayant des parts égales. Chacun ne
devra qu'une tête.

S'il devait cinq têtes, chacun des héritiers devrait, non pas le
quart de cinq têtes, mais une tête et le quart d'une autre tête.

Si le défunt ne devait que trois têtes, aucun des héritiers
ne devant une tête entière, et aucune division ne pouvant par

______

(1) Dumoulin, 2ᵉ pars, n° 41.

conséquent se faire *in concreto*, chacun des héritiers devrait
le quart de trois têtes.

173. Lorsque l'objet dû, parfaitement divisible, peut être
presté par partie, et que des divers débiteurs, dont chacun n'a
que sa part à payer, l'un exécute et l'autre refuse, il est tout
simple que les dommages ordinaires et ceux déterminés à
l'avance par la fixation d'une clause pénale, ne soient dus les
uns et les autres qu'en proportion de la partie non exécutée
de l'obligation, c'est-à-dire par le contrevenant seulement et
pour sa part dans la dette : c'est ce que porte le premier alinéa de l'art. 1233.

174. Le § 2 du même article ajoute une modification à cette
règle. L'obligation principale, quoique divisible par son objet,
est cependant assimilée à l'obligation indivisible, si la clause
pénale a été ajoutée dans l'intention que le payement ne pût
se faire partiellement. Ainsi vous promettez de me livrer, *à
peine de tant*, telle quantité de denrées alimentaires dont
j'aurai besoin à une certaine époque. La peine a été stipulée
pour éviter une livraison partielle, qui me serait inutile pour la
fin à laquelle je me propose d'employer ces denrées. Si elles
ne sont pas livrées *toutes* en même temps, malgré la divisibilité de l'objet, la peine sera encourue pour le total.

175. C'est que si l'obligation est ici divisible en elle-même,
il a été fait exception par les parties à la divisibilé, *quant au
payement.* Notre alinéa cite un cas d'*indivisibilité solutione*,
comme disait Dumoulin : il reproduit pour ce cas la règle appliquée par l'art. 1232 aux obligations indivisibles, et il y a
même raison d'appliquer cette règle à toutes les obligations
divisibles, où d'après l'art. 1221 il est fait exception aux
règles de la divisibilé quant au payement (1); car alors le
payement ne pouvant pas se faire par partie, et toute inexé-
tion étant nécessairement une inexécution totale, il était conséquent d'appliquer à cette indivisibilité du payement la règle

____

(1) Zachariæ, t. II, p. 291, note 13.

portée par l'article précédent pour l'indivisibilité proprement dite de l'obligation.

Ainsi l'enseignent Dumoulin (1) et Pothier (2), auxquels cette modification a été prise. Ces jurisconsultes avaient voulu par là concilier diverses lois romaines. Nous avons vu, en effet, que si, relativement à la peine, la loi 4. 1, *De verb. oblig.* pose la distinction reproduite au Code aux art. 1232 et 1233; d'un autre côté, la loi 5. 4, au même titre, statuant sur une espèce où un capital est dû à peine de tant, *si sortem promiseris*, décide, malgré la divisibilité évidente de l'objet dû, que *toute* la peine sera encourue par cela seul *qu'un* des héritiers n'aura pas payé *sa part*. En présence de cette contradiction apparente, il a fallu supposer que dans le second cas, il s'agissait d'un capital destiné par le stipulant à un certain emploi déterminé, de telle sorte que l'inexécution partielle devait équivaloir pour lui à l'inexécution totale. C'est pourquoi toute la peine était due par l'inexécution d'un seul. Cette conciliation a donné naissance à l'indivisibilité *solutione*, et l'idée en a passé dans le deuxième alinéa de notre art. 1233.

176. Malgré la divisibilité complète de l'obligation, il y a des cas où l'équité semblerait exiger que celui des débiteurs qui a laissé l'obligation inexécutée, fût tenu de toute la peine et non pas seulement d'une partie; c'est ce qui arrive dans une obligation qui est divisible en soi, mais où la contravention d'un seul débiteur rend pour le codébiteur toute exécution même partielle impossible. Pierre, par exemple, s'est engagé à livrer à Paul dix pièces de vin qu'il a dans sa cave, sous peine de 600 fr. au cas de non-exécution. Il meurt et laisse deux héritiers, Primus et Secundus. Primus vend et livre les dix pièces à un tiers. Certes ici l'obligation principale est parfaitement divisible : donc d'après l'art. 1233 Primus ne sera tenu que de la moitié de la peine, et Secundus, d'après

____

(1) 1ª pars, nº 72.
(2) Nº 350.

les principes généraux, est censé avoir exécuté l'obligation, puisque, sans qu'il y ait de sa faute, l'exécution lui est devenue impossible ; donc il n'a pu encourir aucune peine. Telles sont les conséquences auxquelles conduirait la lettre de l'art. 1233 ; mais si le créancier ne peut demander à Primus que 300 fr. pour sa moitié dans la clause pénale, il pourra réclamer de lui les autres 300 fr à titre de dommages-intérêts ordinaires, aux termes de l'art. 1382. L'art. 1233 ne conduit donc en définitive à aucune conséquence que l'équité doive désavouer (1).

177. Si la chose divisible vient à périr par la faute ou même le fait de l'un des héritiers du débiteur, celui-ci est tenu de tous les dommages-intérêts. En effet, comme disait Dumoulin, si l'obligation principale *rem dividuam dandi*, est à la vérité divisible, au contraire l'obligation accessoire qui s'y joint, *præstandi bonam fidem et diligentiam*, est tout à fait indivisible. Chacun des héritiers est à cet égard tenu *in solidum ;* car le fait d'apporter à la chose due tous les soins d'un bon père de famille, n'admet aucun partage, *nec enim pro parte diligentia præstari potest.* Celui-là donc qui y a manqué, et par le fait duquel la chose a péri, est tenu pour le total.

Quelqu'un, par exemple, s'est obligé envers moi par bail à ferme à me laisser jouir de son héritage. Après sa mort, l'un de ses héritiers me trouble injustement dans la jouissance de tout cet héritage. D'après ce que nous venons de dire, il sera tenu envers moi de tous les dommages-intérêts.

Quant aux autres héritiers, qui n'ont concouru à la perte de la chose due par aucune faute ni aucun fait, ils sont complétement libérés ; car si l'héritier est tenu des faits du défunt aux obligations duquel il succède, il n'est nullement tenu du fait de ses cohéritiers, qui lui est complétement étranger.

Lorsque la chose due a péri par le fait ou la faute de plu-

---

(1) Marcadé, sur l'art. 1233.

sieurs d'entre les héritiers, chacun d'eux est tenu pour le tout. *Nec enim*, dit Dumoulin, *qui peccavit ex eo relevari debet, quod peccati habet consortem* (1).

CHAPITRE IV.

DES EXCEPTIONS AUX RÈGLES DE LA DIVISIBILITÉ.

§ I. — DU CÔTÉ DES DÉBITEURS.

178. L'art. 1221 énumère différents cas d'exception au principe que la dette divisible se divise de plein droit entre les différents héritiers du débiteur. L'exception n'a lieu qu'au point de vue passif, et l'obligation reste divisible dans tous ses effets, hormis dans le payement. Elle continue donc à se diviser de plein droit entre les héritiers du créancier.

L'art. 1221 reproduit ainsi dans notre droit ce qu'on appelait autrefois l'indivisibilité *solutione*. Il ne s'y agit, en définitive, que d'exceptions aux règles générales de la divisibilité. Dans les cinq cas indiqués, la dette, quoique divisible dans son objet, doit cependant se payer indivisément.

Les rédacteurs ont cherché à résumer ici le plus brièvement possible de longs développements empruntés à Dumoulin et à Pothier(2). La suite de cette dissertation nous montrera s'ils l'ont fait avec intelligence.

179. Nous avons déjà dit comment l'origine de l'indivisibilité *solutione* remontait aux textes du droit romain. Les interprètes avaient généralisé, pour en faire un principe de droit, certaines règles spéciales à la forme des obligations génériques ou alternatives, et la nouvelle indivisibilité fut éten-

---

(1) Pothier, nos 305 et suiv.
(2) M. Bugnet sur Pothier, nº 291, note 1.

due si loin par l'ancienne jurisprudence qu'on y comprit, contrairement à sa notion première, des exceptions à la divisibilité où l'intention des parties dans la convention n'avait guère d'influence sur l'indivision du payement.

Pothier, dans son traité, frappé de ce résultat, distingua en deux classes les modifications apportées à la divisibilité du payement, selon que dans certains cas chaque héritier du débiteur devait être tenu du total de la dette, ou qu'ailleurs la dette ne pouvait être payée qu'indivisément par ces héritiers réunis.

Au premier cas (1), il s'adjoignait à l'obligation un fait nouveau, soit la faute ou la détention de l'un des héritiers, qui, en dehors de la convention des parties, créait pour cet héritier un lien nouveau l'astreignant à payer toute la dette.

Dans le second cas (2), l'exception provenait de l'intention expresse ou tacite des parties contractantes, que le payement se ferait indivisément, *non propter individuitatem obligationis, sed propter incongruitatem solutionis*, comme disait Dumoulin (3), parce que le payement partiel n'eût pas été équitable. Le payement devait donc se faire indivisément, mais aucun lien nouveau en dehors de la convention n'astreignait ici plus fortement les débiteurs ou l'un d'eux.

180. La précédente distinction se résumait pour Pothier en cette idée pratique, que dans la première classe des exceptions le créancier était autorisé à poursuivre l'un des héritiers du débiteur pour le tout, mais que dans la deuxième, malgré l'impossibilité d'un payement partiel, chaque héritier en particulier n'était tenu de la dette que pour sa part, et ne pouvait dès lors être poursuivi pour le total. Le créancier devait donc donner la demande contre tous, et sur cette demande ils devaient tous se réunir pour payer indivisément la totalité de la dette.

---

(1) Pothier, n°s 301 et suiv.
(2) Pothier, n°s 312 et suiv.
(3) 3e pars, n° 112.

Il en était ainsi à Rome de l'obligation générique ou alternative : de sa nature l'obligation était divisible, mais le payement, à cause des inconvénients qu'eût présentés sa division, devait s'en faire indivisément. Aussi à la loi 85. 4, *De verb. oblig.*, est-il dit à propos de pareilles obligations : « *pro parte peti, solvi autem nisi totum non potest.* » Le payement doit à la vérité se faire indivisément, mais la demande continue à se diviser, tant vis-à-vis des débiteurs que vis-à-vis des créanciers. Un seul ne peut donc être actionné que pour sa part.

181. Les rédacteurs du Code ont changé tout cela. Ils ont commencé par confondre en un seul article les exceptions diverses que Pothier avait eu le soin de distinguer d'après leur origine. Ils ont passé certains cas sous silence, et ils en ont mentionné d'autres, aujourd'hui tout à fait inutiles comme nous le verrons bientôt.

Puis sans faire aucune attention à la distinction subtile, mais rigoureusement exacte, posée par les jurisconsultes romains entre la demande et le payement, ils ont accordé indistinctement dans tous les cas au créancier le droit de poursuivre pour le tout un seul des héritiers du débiteur (paragraphe final de l'art. 1221). Ainsi il n'y a plus aujourd'hui à distinguer entre la demande et le payement, et ce n'est plus le payement seul qui véritablement est indivisible : c'est, contrairement aux principes du droit, la demande elle-même, vis-à-vis au moins des héritiers du débiteur.

182. De ces confusions mal à propos faites par le droit actuel, il naît immédiatement une difficulté grave. A Rome, dans de semblables obligations, la demande contre un seul des débiteurs n'interrompait nullement la prescription à l'égard des autres. C'était tout simple : chacun n'était actionné que pour sa part, et la demande contre l'un ne regardait nullement les autres. *Pro parte peti.* — Mais chez nous, où maintenant un seul débiteur peut être poursuivi pour le tout, doit-on encore appliquer la même règle, ou faut-il étendre à l'indivisibilité *solutione* le principe contraire de l'art. 2249

in fine? Il y a controverse à ce sujet. Nous nous occuperons plus loin de la question.

183. D'après l'art. 1221, « le principe de la divisibilité des obligations reçoit exception à l'égard des héritiers du débiteur :

1° Dans le cas ou la dette est hypothécaire ;

2° Lorsqu'elle est d'un corps certain ;

3° Lorsqu'il s'agit de la dette alternative de choses au choix du créancier, dont l'une est indivisible ;

4° Lorsque l'un des héritiers est chargé seul par le titre de l'exécution de l'obligation ;

5° Lorsqu'il résulte soit de la nature de l'engagement, soit de la chose qui en fait l'objet, soit de la fin qu'on s'est proposée dans le contrat, que l'intention des contractants a été que la dette ne pût s'acquitter partiellement.

« Dans les trois premiers cas, ajoute l'art. 1221, l'héritier qui possède la chose due ou le fonds hypothéqué à la dette, peut être poursuivi pour le tout sur la chose due ou sur le fonds hypothéqué, sauf le recours contre ses cohéritiers. Dans le quatrième cas, l'héritier seul chargé de la dette, et dans le cinquième cas chaque héritier peut aussi être poursuivi pour le tout, sauf son recours contre ses cohéritiers. »

184. La loi ne parle de ces exceptions qu'en ce qui concerne les héritiers du débiteur. C'est qu'elles ont surtout de l'importance à leur égard, et que d'ailleurs Pothier, dont les auteurs du Code ne se sont pas écartés, avait omis de parler du cas où il y aurait plusieurs contractants primitifs. Mais en général ce que nous dirons des héritiers devra également s'appliquer aux débiteurs primitifs, s'il y en a eu plusieurs dès l'origine.

Nous allons examiner un à un les cinq cas énumérés par l'art. 1221.

185. 1° *Si la dette est hypothécaire.* — Une personne emprunte 6,000 fr. et affecte par hypothèque sa prairie au payement de la dette qu'elle contracte. Cette dette est divi-

sible et se divise réellement entre les héritiers du débiteur.
Si donc le créancier laissant de côté son action hypothécaire
agit par action personnelle, il ne peut demander à chacun
que la portion dont il est tenu personnellement en sa qualité
d'héritier.

Mais aux termes de l'art. 2114, l'hypothèque est indivisible : cet article dit même qu'elle est indivisible de sa nature ; mais cela est inexact. Dumoulin (1), et après lui M. Trop-
long (2), ont justement fait remarquer qu'on pouvait
parfaitement comprendre que l'hypothèque se réduisît dans
la même proportion que la créance, comme on comprend
parfaitement une hypothèque sur une part indivise. Mais quand
le créancier exige une hypothèque, ou que la loi la lui donne,
c'est évidemment dans l'intention d'assurer d'une manière
complète le payement de son entière créance, sans qu'il y
ait lieu de cantonner chaque fois l'hypothèque à mesure que
la créance se réduit, et cette intention présumée ne devrait
fléchir que devant une intention contraire clairement exprimée.

L'art. 2114 déduit les conséquences de l'indivisibilité de
l'hypothèque. Elle subsiste en entier, dit le texte, sur tous les
immeubles affectés, sur chacun et sur chaque portion de ces
immeubles. *Est tota in toto, et tota in qualibet parte.* L'immeuble sur lequel elle porte, et chacune de ses fractions, sont
affectés au payement intégral de la dette. De là cette conséquence que l'héritier détenteur soit de l'immeuble en son entier, soit d'une partie seulement, est tenu du payement de la
dette entière. Le créancier qui agit par action hypothécaire
peut lui demander toute la dette, par cela seul qu'il a dans
son lot l'immeuble hypothéqué ou même une portion si mi-
nime qu'elle soit de cet immeuble.

186. Ainsi l'hypothèque n'empêche nullement la division

---

(1) 3ᵉ pars, nᵒ 28.
(2) *Des hypothèques*, t. II, nᵒ 388.

de la dette entre les héritiers du débiteur. Chacun d'eux, en effet, n'en est tenu que proportionnellement à sa part héréditaire. S'il peut être poursuivi pour le tout, ce ne sera qu'en sa qualité de détenteur de l'immeuble hypothéqué. Ce n'est pas tant l'héritier possesseur de l'immeuble que l'immeuble lui-même qui est ici mis en cause. *Res, non persona convenitur.* Il en serait absolument de même si l'immeuble se trouvait aux mains d'un tiers non héritier du débiteur, et l'héritier peut, du reste, comme tout autre détenteur, échapper à la poursuite en délaissant l'immeuble. L'hypothèque ne modifie donc en rien la nature de l'obligation principale, et c'est à tort que la loi place la dette hypothécaire au nombre des dettes qui, bien que divisibles, ne se divisent cependant point entre les héritiers du débiteur.

La précédente disposition a été copiée dans Pothier au n° 300. Sans doute, si cet auteur voyait dans l'hypothèque une dérogation à la règle de la divisibilité des obligations, c'est que de son temps l'hypothèque n'avait pas besoin d'être spécialement consentie : elle résultait naturellement des contrats passés en la forme authentique. Comme alors l'hypothèque se mêlait à l'obligation, peut-être pouvait-on dire qu'elle influait sur elle, et on comprenait mieux qu'elle lui attribuât un caractère nouveau. Mais aujourd'hui que dans tous les cas l'obligation reste entièrement distincte de l'hypothèque, on ne peut plus dire qu'il y ait à cet égard exception au principe de la divisibilité.

187. 2° *Lorsque la dette est d'un corps certain.*—La dette d'un corps certain est en général divisible sous tous les rapports tant à l'égard des héritiers du débiteur qu'à l'égard des héritiers du créancier. Ainsi supposons que l'acheteur à réméré d'un immeuble laisse plusieurs héritiers; chacun d'eux, s'ils sont encore dans l'indivision ou s'ils ont partagé l'immeuble, s'acquitte envers le créancier en lui livrant la part indivise qu'il a dans l'immeuble ou la portion qui lui a été assignée par le partage. L'action en réméré ne peut être exercée contre

chacun d'eux que pour sa part et portion. L'art. 1672 est formel à cet égard, et une disposition semblable se trouve reproduite à l'art. 1685.

188. Quand donc la dette d'un corps certain deviendra-t-elle indivisible à l'égard des héritiers du débiteur? Le dernier alinéa de l'art. 1221 nous répond : *Quand l'un des héritiers se trouve seul possesseur de la chose due*. C'est la détention de la chose par un seul qui fait que le créancier peut exercer son action pour le tout, et que ce débiteur actionné est tenu de payer la chose intégralement.

C'est ce qui ressort également de l'art. 1672 précité. Il y est parlé dans sa seconde disposition du cas où, par suite du partage de l'hérédité, la chose vendue est échue au lot de l'un des héritiers, et la loi décide alors que l'action en réméré pourra être intentée contre lui pour le tout. La loi fait donc ici exception à la divisibilité lorsque l'un des débiteurs se trouve être en même temps détenteur de l'objet dû.

189. La chose peut, du reste, passer de différentes manières aux mains de cet héritier détenteur, soit qu'héritier pour partie il ait cependant succédé seul à l'objet dont il s'agit, soit que par le fait du partage cet objet soit tombé au lot de l'un des héritiers.

Le premier cas a peu d'importance aujourd'hui qu'on ne distingue plus que par exception l'origine des biens dans les successions : il peut cependant encore se réaliser quelquefois à propos des successions dites anomales (1).

Le second cas est aujourd'hui le plus commun, et c'est à lui qu'on se reporte ordinairement quand on s'occupe de cette matière. Le Code, s'exprimant d'une manière générale, a sans doute prévu l'une et l'autre circonstance. Du temps de Pothier, où l'origine des biens dans les successions était soigneusement recherchée, pour que telle ou telle partie du patrimoine du défunt fût spécialement attribuée à certaines per-

---

(1) Art. 351 et 747.

sonnes déterminées, le premier cas ne laissait pas que d'être fréquemment appliqué; aussi ce jurisconsulte l'a-t-il bien distingué du second, et lui a-t-il consacré un paragraphe spécial au n° 301, se réservant de parler de l'autre cas au numéro suivant.

190. Dans ces divers cas il est permis au créancier de poursuivre l'héritier détenteur pour le payement du tout. La raison qu'en donne Pothier (1), d'après Dumoulin, est que, quoique cette dette soit divisée contre chacun des héritiers du débiteur, néanmoins, comme l'exécution de cette action doit se faire pour le total sur celui d'entre eux qui par le partage est devenu seul possesseur, il s'ensuit qu'il peut être condamné à la délivrance de cette chose pour le total : *Quia quamvis actio mere sit personalis, tamen executio judicati in rem scripta est, et divisio non debet impedire vim futuri judicii, nec executionem in rem, nec in ejus possessorem, salvo contra heredes recursu* (2).

191. Déjà en droit romain, lorsqu'il s'agissait de la restitution d'un objet dû en vertu d'un commodat ou d'un dépôt, bien que l'obligation contractée par le défunt se divisât entre les héritiers, il était cependant admis que celui des héritiers qui était trouvé détenteur de la chose prêtée ou déposée pouvait seul être forcé de la restituer : *Heres ejus qui commodatum accepit, pro ea parte qua heres est convenitur; nisi forte habuit facultatem totius rei restituendæ, nec faciat; tunc enim condemnatur in solidum : quia hoc boni judicis arbitrio conveniat* (3). La raison en est que cet héritier ayant seul la faculté de rendre la chose entière, la bonne foi ne lui permet pas de refuser cette restitution.

Ce que le droit romain avait établi pour la restitution au cas de commodat ou de dépôt s'est appliqué en droit français à tout héritier possesseur d'un corps certain à lui échu en par-

---

(1) N° 303.
(2) Dumoulin, 2ª pars, n° 81.
(3) L. 3. 3, *Commod rel contra.*

tage. L'héritier qui possède la chose due peut être poursuivi pour le tout sur cette chose.

192. Aujourd'hui que, sous l'empire du Code, la propriété peut être transmise par le seul effet des conventions, le créancier d'un corps certain en sera souvent propriétaire par cela seul qu'il en est créancier. L'action en revendication sera donc possible dans certains cas ; mais ce n'est pas d'elle qu'il s'agit ici, ni d'un simple délaissement à faire par le détenteur : les termes de l'art. 1221 indiquent qu'il s'y agit de l'accomplissement d'une obligation de livrer, dont l'héritier qui détient est tenu pour le tout et dont l'exécution est réclamée au moyen d'une action personnelle. C'est la reproduction des anciens principes à côté des nouveaux. Cette disposition consacre donc, quant à l'obligation dont il s'agit, une véritable exception aux effets de la divisibilité des obligations, et une dérogation formelle au principe que chaque héritier n'est tenu de payer la dette que pour sa part héréditaire (1).

193. Il importe peu, au surplus, que le corps certain doive être livré en vertu d'une vente, d'une donation, d'un échange, ou qu'il s'agisse d'une chose déposée ou prêtée à usage par le créancier, et dont on aurait à faire la simple restitution. Toute chose à rendre par suite de dépôt ou de prêt à usage, est nécessairement un corps certain (art. 1293), et dès lors on ne voit pas bien pourquoi Pothier (2) présentait comme faisant deux exceptions au principe des cas qui ne sont que l'application d'une même règle (3).

194. Ainsi, généralisant l'hypothèse, nous dirons que celui d'entre les héritiers qui détient la chose due peut être actionné pour le tout et contraint de livrer la chose entière, sauf son recours en garantie contre chacun de ses cohéritiers. Si le créancier n'avait pas le droit de le poursuivre pour le tout, il serait forcé d'agir contre chacun des autres héritiers, et

____

(1) Zachariæ, t. II, p. 289, note 30.
(2) Nos 302 et 303.
(3) Marcadé, sur l'art. 1221.

ceux-ci étant dans l'impossibilité d'exécuter l'obligation, seraient condamnés à des dommages-intérêts : dès lors chacun d'eux, lorsqu'il serait actionné, pourrait agir à son tour contre celui qui, étant seul détenteur de la chose due, peut seul la livrer, et le forcer de les soustraire, en exécutant l'obligation, aux conséquences de l'action dirigée contre eux : de là un circuit d'actions que la loi évite en autorisant le créancier à demander la chose entière à l'héritier qui la possède seul, sauf son recours, s'il ne lui en a été tenu compte à l'avance (1).

195. Il en est ainsi lorsque c'est en sa qualité d'héritier, et par le partage de la succession, que l'héritier pour partie du débiteur se trouve posséder en entier la chose due ; il en serait autrement si c'était de son chef qu'il la possédât. N'en étant débiteur que pour sa part héréditaire, il ne pourrait être condamné à la payer que pour cette part, conformément au droit commun. On peut tirer argument de la loi 86. 3, *De leg.* 1° : *Si fundus ab omnibus heredibus legatus sit, qui unius heredis esset, is cujus fundus esset, non amplius quam partem suam præstabit; cæteri in reliquas partes tenebuntur* (2).

196. Ainsi, c'est l'héritier seul qui possède la chose et qui la possède en vertu du partage, qui peut être poursuivi pour le tout sur la chose due, sauf recours contre ses cohéritiers. Mais remarquons que le droit qu'a le créancier de poursuivre pour le tout l'héritier détenteur de la chose due, ne lui enlève pas le droit d'agir, s'il le préfère, contre chacun des héritiers pour sa part et portion. Les autres codébiteurs ou cohéritiers, qui ne détiennent pas la chose, continuent donc d'être obligés : mais ils ne sont obligés qu'à concurrence de leur part, et s'ils ne peuvent procurer au créancier la jouissance de cette part, ils en sont quittes, en payant leur part de dommages-intérêts (3).

---

(1) M. Valette, *Leçon* du 20 janvier 1853.
(2) Pothier, n° 303.
(3) Pothier, n° 302.

197. 3° *Lorsqu'il s'agit de la dette alternative de choses au choix du créancier dont l'une est indivisible.* — Cette disposition est vraiment inexplicable. De deux choses l'une : le créancier demandera ou celui des objets de l'alternative qui est indivisible ou celui qui est divisible. Au premier cas la dette sera indivisible et chaque héritier pourra être poursuivi pour le tout : au second elle sera divisible, et chaque héritier n'en sera tenu que pour sa part et portion. Dans l'une comme dans l'autre hypothèse nous trouvons, non pas une exception au droit commun, mais une application pure et simple des règles qui régissent les obligations divisibles ou indivisibles.

198. Il est probable que la loi a entendu reproduire la doctrine de Pothier, mais elle ne l'a évidemment pas comprise. Pothier, en effet, dans son n° 312, parle de l'obligation alternative en général. Il suppose que, conformément au droit commun, le débiteur a le choix, et peu importe du reste à sa décision que les deux objets de l'alternative soient divisibles ou seulement un seul : il y a même raison de décider pour les deux cas.

Ainsi Primus, qui doit à son choix une somme de 10,000 fr. ou une prairie, meurt laissant deux héritiers. Ces héritiers ne peuvent pas diviser le choix qu'ils ont le droit de faire entre deux choses même divisibles. Ils ne peuvent prétendre que devant la moitié de ce que devait leur auteur, ils payeront l'un la moitié de la somme due, et l'autre la moitié de la prairie ; autrement le créancier recevrait à son grand préjudice des fractions de deux choses différentes : ce qui dénaturerait l'obligation. Il n'a point en effet stipulé deux moitiés des choses comprises dans l'obligation : il a stipulé l'une ou l'autre chose en son entier. Les héritiers doivent donc s'entendre à l'effet de payer l'une ou l'autre des choses dues. Que s'ils ne tombent pas d'accord, le créancier les assigne pour voir dire qu'ils auront à s'entendre dans un délai déterminé, sinon que le choix lui sera déféré. Il en est à cet égard de l'obligation alternative comme il en serait d'une obligation

générique. C'était la décision du jurisconsulte Paul en la loi
88. 4, *De verb. obligat.*, et Dumoulin la suivait également.

199. Voyant que Pothier avait parlé des obligations alternatives comme contenant une exception au principe de la
divisibilité des obligations, les rédacteurs du Code furent en-
traînés à en parler eux-mêmes dans l'art. 1221. La *première*
rédaction du projet faite en l'an VIII par la commission du gou-
vernement, renferma une disposition à cet égard. On s'efforça
de résumer en une formule générale tout le n° 312 de Pothier,
où cet auteur était entré dans des détails d'exemple qui ne
pouvaient trouver place dans un texte de loi. Pothier avait
parlé en général des obligations alternatives comme faisant
exception au principe de la divisibilité, puis il avait posé un
exemple. Les auteurs du projet voulurent comprendre dans
leur formule et la généralité de la règle, et l'exemple particulier qui y était cité : ils y parlèrent donc et de l'obligation alternative, et de la circonstance prévue par Pothier. Il leur
parut que dans l'exemple cité par ce jurisconsulte, l'obligation alternative portait sur deux choses dont l'une était indivisible : ils mirent donc dans leur projet qu'il y avait exception à la règle générale de la divisibilité des obligations,
*lorsqu'il s'agissait d'une dette alternative de l'une de deux
choses dont l'une était indivisible* (1). C'était ainsi que s'exprimait le projet.

200. Le projet de Code fut en cet état présenté aux tribunaux : ceux-ci y répondirent par des observations. Nous avons
déjà dit que les observations furent à peu près nulles en ce
qui avait trait à l'indivisibilité des obligations. Le peu que l'on
en fit porta sur les obligations alternatives. Le tribunal de
Toulouse (2) crut devoir demander si on avait entendu parler
des obligations où le choix à faire était laissé aux créanciers,
au lieu des obligations dans lesquelles le choix était laissé aux

---

(1) Fenet, t. II, p. 175.
(2) Fenet, t. V, p. 581.

débiteurs. Cela n'eût pas fait de doute aux yeux des membres de ce tribunal, s'ils s'étaient reportés à ce qu'avait décidé Pothier; mais ils ne voulurent ou ne purent le consulter; de sorte que la disposition demeura obscure pour eux, et ils crurent devoir s'adresser au législateur.

201. Les auteurs du Code résolurent de donner les explications qui leur étaient demandées sur ce point. Mais, bien plus préoccupés alors des observations faites que de l'examen des sources, ils ne saisirent plus eux-mêmes le sens exact de la disposition actuelle, et dans l'explication qu'ils en donnèrent, ils en dénaturèrent tout à fait la pensée primitive.

On les avait priés de décider si, dans le cas cité d'obligations alternatives, ils avaient entendu parler de celles où le choix appartenait au créancier, ou bien de celles dans lesquelles le choix appartenait au débiteur : ils se décidèrent pour le premier parti, sans faire attention que le second résultait formellement des termes employés par Pothier.

Le projet de Code civil, relatif aux obligations, présenté le 11 brumaire an XII, porta donc, comme le Code actuel, qu'il y a exception au principe de la divisibilité des dettes, *lorsqu'il s'agit de la dette alternative de deux choses au choix du créancier, dont l'une est indivisible.*

202. Qu'ont donc voulu dire à cet égard les législateurs? Quelle exception ont-ils apportée par là aux règles ordinaires de la divisibilité? Leur intention nous est manifestée par l'exposé des motifs de M. le conseiller d'État Bigot-Préameneu (1).

Ils n'ont pas voulu que le principe de la divisibilité des dettes pût apporter obstacle au droit qu'a le créancier de faire un choix entre les deux choses objet de l'obligation. Sans doute, si le choix porte sur une chose divisible, les débiteurs ne seront obligés de la payer que chacun pour sa part; mais aussi, si le choix porte sur une chose indivisible, chaque dé-

---

(1) Locré, t. XII, p. 358, n° 101.

biteur sera forcé de payer le tout ; et les débiteurs ne pourront pas, sous prétexte de la divisibilité de l'une des prestations comprises dans la dette alternative, empêcher le créancier de choisir la prestation indivisible.

203. Si c'est là ce qu'ont voulu les législateurs (et cela paraît évident), il faut avouer qu'ils ont été bien mal inspirés : car il n'y a rien ici qui puisse être cité comme présentant une exception aux principes : on n'a pas voulu que le créancier fût privé du droit qu'il avait de choisir : rien, en effet, ne pouvait le lui enlever. Mais, comme nous le disions en commençant, cette faculté qu'il conserve n'aboutit nullement à faire d'une obligation divisible en soi une obligation indivisible dans son exécution.

204. Ajoutons cependant, qu'étant donnée l'hypothèse du texte, on pourrait sans doute reconnaître une certaine indivisibilité dans la nécessité où se trouvent les créanciers de s'accorder sur le choix à faire par eux. En effet, que la chose choisie soit indivisible ou même divisible, cette indivisibilité spéciale subsiste, en ce sens que les créanciers, qui ont le choix, doivent s'entendre pour demander tous la même chose. L'un ne peut pas demander partie d'une chose et l'autre partie d'une autre, pas plus que ne le pourrait un seul créancier : la faculté de choisir qui leur appartient est indivisible. Mais cette observation, qui est juste en elle-même, nous semble rester tout à fait en dehors des prévisions du texte.

205. 4° *Lorsque l'un des héritiers est chargé seul par le titre de l'exécution de la convention.* — De quel titre la loi entend-elle parler ? S'agit-il ici de la convention même qui a donné naissance à l'obligation, ou d'un testament par lequel le débiteur a chargé l'un de ses héritiers du payement intégral de la dette ?

Le titre dont il est ici question est la convention même qui a donné naissance à l'obligation. Il suffit, pour s'en convaincre, de remarquer que nous étudions actuellement, non pas la matière des testaments, mais celle des conventions. Or les mots qu'emploie le législateur doivent s'entendre *secundum subjectam materiam*. Ajoutons que cette disposition a été empruntée à Pothier (1), lequel dit positivement que l'on peut, en contractant une obligation, charger un seul de ses héritiers du payement intégral de la dette. Le payement, dit-il, ne peut se faire par partie, *lorsqu'on en est convenu en contractant l'obligation*. On accorde ainsi au créancier le précieux avantage de poursuivre pour le tout celui des héritiers qui est nommément désigné dans la convention.

206. Mais, dira-t-on, charger l'un de ses héritiers du payement intégral de la dette, c'est avantager les autres, et par conséquent régler sa succession, ce qu'on ne peut faire que par testament. Pothier a prévu l'objection : il y répond en disant que la convention dont il s'agit ne met point définitivement le payement de la dette à la charge de l'héritier désigné pour l'acquitter. Elle a simplement pour effet de lui imposer la nécessité de payer la part de ses cohéritiers en même temps que la sienne, mais sauf son recours contre eux. La dette doit, en définitive, être supportée par tous. Les rapports des héritiers entre eux ne sont pas modifiés, et il ne s'agit ici pour l'héritier désigné que d'une simple avance à faire au nom des autres.

207. Le complément nécessaire de notre quatrième alinéa se trouve dans la disposition finale de l'art. 1221. Dans ce quatrième cas, l'héritier seul chargé de la dette peut être poursuivi pour le tout, sauf son recours contre ses cohéritiers. De sorte que ce n'est pas *substantialiter* et sans recours, comme dit Dumoulin, mais seulement quant à l'exécution, et, par conséquent, sauf recours contre ses cohéritiers, que l'un des débiteurs peut être tenu de l'obligation. Le Code dit *l'exécution*, pour indiquer que ce n'est pas de la dette même qu'il peut être chargé. En effet, si l'un des héritiers était obligé *substantialiter* et sans recours d'acquitter la dette, il y aurait

---

(1) N° 311.

dans l'acte une libéralité au profit des autres héritiers, et la clause qui enlèverait à l'héritier son droit de recours serait nulle, comme modifiant les rapports des héritiers entre eux; car une telle modification apportée à l'ordre légal des successions ne peut être faite que par testament (1).

Je puis par testament grever un seul de mes héritiers d'une dette que j'ai contractée; mais je ne saurais, en la contractant, obliger un de mes héritiers au delà de sa part. Si je promets que moi et Titius nous donnerons mille, la personne de Titius est inutilement ajoutée, disait le jurisconsulte Julien à la loi 56. 1, *De verb. oblig.*; car de deux choses l'une : ou bien Titius seul sera mon héritier, et alors ce sera comme unique héritier, et non en vertu de la stipulation, qu'il sera obligé de payer le tout : ou bien il ne sera pas mon unique héritier, et alors, malgré la stipulation, il ne sera tenu qu'à concurrence de sa part héréditaire; car l'héritier ne peut être grevé que pour autant qu'il représente le défunt, selon le principe de droit : *Alteri promittere non possumus.* Il est considéré comme un étranger relativement aux portions des autres héritiers. De là, en droit romain, la conséquence que la stipulation qui grèverait l'un des héritiers outre sa part serait de nul effet. *Te et Titium heredem tuum decem daturum spondes : Titii persona supervacue comprehensa est : sive enim solus heres extiterit, in solidum tenebitur ; sive pro parte, eodem modo quo cæteri coheredes ejus* (2).

208. Ces principes ne reçoivent pas en droit français une application aussi rigoureuse. Dumoulin a soutenu que la nullité prononcée par la loi 56 précitée ne frappait que la stipulation qui avait rapport *ad substantiam debiti*, et non à celle qui aurait réglé le mode d'exécution de l'obligation. *Non concernit substantiam obligationis, sed modum. Unde, quemadmodum potest in præjudicium heredum determinari*

---

locus et tempus solutionis, ita et modus (1). Et selon lui, ce mode d'exécution peut être réglé par les contractants, de telle sorte qu'un seul des héritiers soit chargé de l'exécution *sauf son recours.*

C'est cette doctrine de Dumoulin qui a passé dans le Code, comme l'indiquent le quatrième alinéa et la disposition finale de l'art. 1221.

209. La stipulation qui charge un seul des héritiers de toute la dette, n'ayant du reste pour but que d'étendre, et non point de restreindre les droits du créancier, celui-ci peut sans difficulté, s'il le juge à propos, poursuivre les autres, mais seulement pour leur part et portion.

210. On s'est demandé si le défunt pouvait indirectement établir une véritable solidarité entre ses héritiers, en les chargeant tous indistinctement par le titre de l'entière exécution de la dette. La question est controversée. Peut-être devrait-on dire que la solidarité tenant à la substance même de l'obligation, et non pas seulement à son exécution, il y a lieu de ne pas admettre la validité d'une pareille convention. Notre texte, qui n'a trait qu'à l'exécution, semblerait ne pas devoir s'y appliquer (2).

211. 5° *Lorsqu'il résulte, soit de la nature de l'engagement, soit de la chose qui en fait l'objet, soit de la fin qu'on s'est proposée dans le contrat, que l'intention des contractants a été que la dette ne pût s'acquitter partiellement.* — Dans ce cas, ajoute le paragraphe final de l'art. 1221, *chaque héritier peut être poursuivi pour le tout, sauf recours contre ses cohéritiers.*

Remarquons d'abord que le n° 5 se lie au n° 4, comme renfermant une dérogation implicite ou tacite à la division de la dette entre les héritiers du débiteur, tandis que le n° 4 statue sur le cas où la dérogation a été formelle et explicite. Cette dérogation tacite doit être admise dans trois cas différents.

(1) 2° pars, n°s 30 et 31.
(2) M. Valette, *Leçon du 20 Janvier 1851.*

Le projet de code ne contenait pas la disposition de notre paragraphe, textuellement extraite du n° 315 de Pothier. Les tribunaux, consultés sur ce projet, avaient demandé un peu plus de détail en ce qui concerne la matière de l'indivisibilité (1) : pour adhérer à ce vœu, les rédacteurs copièrent un peu plus Pothier, et firent entrer dans l'art. 1221 actuel le n° 315 de cet auteur : ils exprimèrent ainsi, d'une manière générale, dans quels cas il y a lieu à indivisibilité de payement.

212. En premier lieu, l'indivisibilité résulte *de la nature de l'engagement*.— Telle est la dette d'un genre ; par exemple la dette d'un cheval non individuellement déterminé. Les héritiers du débiteur n'ont pas le droit de s'acquitter partiellement ; car si la dette, dont ils sont tenus, se divisait entre eux, l'un pourrait payer une fraction intellectuelle de tel cheval, l'autre une fraction de tel autre cheval, et le créancier, au lieu de recevoir ce qu'il a stipulé, c'est-à-dire un cheval, ne recevrait que des parts indivises de plusieurs chevaux.

Il en serait de même encore et pour les mêmes raisons de l'obligation alternative, au choix du débiteur, sur laquelle nous nous sommes déjà précédemment expliqués. Dans ce cas également, le créancier serait lésé, s'il était permis au débiteur de faire des payements divisés ; car le créancier serait dans le cas de recevoir, au lieu de l'une ou de l'autre chose, des parties de l'une et de l'autre.

C'est à ces deux espèces d'obligations que s'applique, conformément à la théorie du droit romain, la disposition du n° 5 de l'art. 1221, pour le cas où ce numéro déclare qu'il y a exception au principe de la divisibilité des dettes, à raison *de la nature de l'engagement*.

213. C'est d'ailleurs ce que pensait Pothier, dans lequel nos législateurs ont tant puisé. On voit, en effet, que cet auteur place dans le même numéro 312, ce qui a trait aux obliga-

---

(1) Fenet, t. V, n° 312.

tions alternatives et aux obligations de choses indéterminées, pour dire que dans les unes et les autres il y a exception au principe de la divisibilité. D'après lui, il y avait donc, quant à ce point, assimilation complète des deux espèces d'obligations.

Toutefois, nous devons remarquer qu'il existe à cet égard une légère erreur dans Pothier. L'indivisibilité dans les obligations alternatives et dans celles de choses indéterminées, tient certainement à la nature de l'engagement qui a été contracté : cependant Pothier, qui mentionne la nature de l'engagement comme une cause d'indivisibilité, parle au commencement, de l'obligation alternative et indéterminée, et réserve pour la fin cette règle générale que la nature des obligations amène l'indivisibilité dans l'exécution. C'est dans le n° 312 qu'il traite des obligations alternatives et indéterminées, et ce n'est que dans le n° 315 qu'il rappelle que l'indivisibilité provient de la nature de l'obligation.

Du reste, le savant auteur ne s'y était pas trompé : il n'ignorait pas que l'indivisibilité dont nous parlons, provenait de la nature de l'obligation : car on n'a qu'à se reporter au n° 315 de son ouvrage, et on y verra qu'après qu'il a mentionné d'autres causes d'indivisibilité, aucun des exemples qu'il cite n'a trait à la nature de l'obligation : c'est donc qu'il jugeait inutile d'en parler après ce qu'il avait dit plus haut. Mais s'il montre ainsi qu'il comprenait bien sa matière, on a du moins à lui reprocher de ne l'avoir ni bien classée, ni bien coordonnée.

214. Cette erreur de Pothier est remarquable, en ce qu'elle en a entraîné d'autres. Les rédacteurs du Code civil, qui avaient pris Pothier pour unique guide, suivirent aveuglément leur auteur en ce point. Ils avaient fait entrer dans notre art. 1221 le n° 315 de Pothier, et ils exprimaient ainsi d'une manière générale dans quels cas il y a lieu à indivisibilité de payement. Il était, dès lors, inutile de parler de l'indivisibilité résultant de l'alternative, comme de celle résultant du genre, puisque c'étaient des exemples particuliers du cas où l'indivisibilité avait

lieu par suite de la nature du contrat. Mais Pothier ayant posé un exemple du cas spécial d'obligation alternative, on le reproduisit, sans faire attention que, même dans Pothier, le principe ne se restreignait pas à l'exemple spécifié, et que, d'ailleurs, alors qu'on posait la règle générale dans le § 5 de l'art. 1221, il était inutile d'en citer dans un code une application spéciale. Nous savons, du reste, de quelle façon les rédacteurs, au § 3 de notre art. 1221, ont parlé des obligations alternatives.

Toujours est-il que des auteurs, trompés par la mauvaise classification adoptée d'après Pothier, et ne trouvant pas d'autres exemples applicables en dehors de ceux que nous avons cités, ont prétendu à tort qu'il n'y avait dans le droit aucun exemple de pareille indivisibilité résultant de la nature de l'engagement.

215. *De la chose qui fait l'objet de l'obligation.*— Il en est ainsi, par exemple, dans l'obligation de livrer une couple de bœufs, un attelage de deux chevaux. Tant que vous vivrez, vous ne pourrez me donner que deux chevaux et deux bœufs : vous venez à mourir, l'un de vos héritiers ne pourra pas se libérer en me livrant un bœuf, un cheval ; car dans la stipulation qui est intervenue entre vous et moi, nous n'avons point séparé les animaux à livrer de l'idée qu'ils étaient en couple, qu'ils devaient former un attelage, de sorte que, tant qu'on ne les livre pas en couple ou en attelage, on n'exécute pas la convention telle qu'on l'avait stipulée.

216. De même encore, si j'ai pris à ferme un certain héritage, quoique cet héritage soit susceptible de parties, néanmoins un des héritiers de celui qui me l'a donné à ferme ne serait pas reçu à m'offrir sa part indivisée ou divisée de cet héritage, pour s'acquitter envers moi de son obligation, si ses cohéritiers n'étaient aussi, de leur côté, prêts à me livrer les leurs, parce que la division de cet héritage me porterait préjudice : je ne l'ai pris à ferme que pour en jouir en totalité, et je n'en aurais pas loué une partie.

Pothier (1), dans son exemple, appliquait la disposition de notre article à la vente comme au louage d'un héritage; mais aujourd'hui, que le créancier devient propriétaire par le seul effet de la convention, cette disposition ne reste plus applicable qu'au louage.

217. *De la fin qu'on s'est proposée dans le contrat.* — Tel serait l'exemple que nous avons déjà cité d'après Pothier : si par une transaction vous vous êtes obligé à me payer une somme de 1,000 écus, avec déclaration que c'est pour me tirer de prison, où j'étais détenu pour ladite somme par un créancier, et que peu après vous soyez mort, laissant quatre héritiers ; un de ces héritiers ne sera pas reçu à m'offrir séparément le quart de ladite somme, qui ne peut me procurer ma liberté, objet du contrat, et que je ne pourrai pas conserver sûrement en prison, en attendant le payement du surplus (2).

Telle serait encore l'obligation de livrer telle somme qui a été promise à une personne qui l'a stipulée avec déclaration qu'elle l'empruntait à l'effet d'exercer son droit de réméré.

Du reste, c'est au juge d'apprécier ici l'intention des parties dans la convention, et de quelque manière que soit décidée cette question d'interprétation, le jugement rendu en fait reste à l'abri de la cassation.

218. Nous ne reviendrons pas ici sur la distinction que nous avons précédemment établie entre les obligations où, d'après l'art. 1221, l'intention des parties a été que la dette ne pût s'acquitter partiellement, et les obligations indivisibles de l'art. 1218. Nous nous bornerons à rappeler que dans ce dernier cas l'objet de l'obligation est totalement indivisible, et ne peut être qu'indivisible dès qu'on le considère sous le rapport que les parties ont envisagé dans la convention. Au contraire, dans notre art. 1221, l'objet est parfaitement divisible sous tous les rapports, mais il a été expressément ou tacite-

---

(1) N° 316.
(2) Dumoulin, 2ª pars, n° 10.

ment convenu entre les parties que l'acquittement de l'obligation ne se pourrait pas faire partiellement. C'est ici l'exécution
seule qui est indivisible et non pas l'obligation (1).

219. Il peut cependant se faire que dans ce dernier cas les
héritiers du débiteur soient plus durement traités que dans
les obligations même tout à fait indivisibles. En général, quand
une dette est indivisible à raison de son objet, dès que, par
suite d'inexécution elle se convertit en dommages-intérêts,
elle devient divisible, parce que l'objet en est changé. Il en
est bien ainsi dans les obligations génériques ou alternatives,
et dans celles où l'indivisibilité du payement résulte de la
chose qui fait l'objet de la dette. Mais il en est autrement
quand l'obstacle à la division du payement provient uniquement de la volonté expresse ou tacite des contractants, comme
quand un seul héritier a été chargé par le titre de payer l'entière dette, ou quand une somme a été promise pour faire
sortir le créancier de prison. L'héritier actionné ne peut plus
alors appeler les autres en cause pour faire distribuer la condamnation entre tous, aux termes de l'article 1225 : il doit
seul dans ce cas être condamné pour le tout. Sans quoi, ce
serait aller directement contre l'intention des parties, et violer
la convention elle-même (2).

220. Ici se place la solution d'une question que nous avons
réservée jusqu'ici. Il s'agit de savoir si l'on doit appliquer aux
obligations exceptionnelles de l'art. 1221, c'est-à-dire à l'indivisibilité *solutione*, le principe de l'art. 2249, aux termes
duquel la demande faite contre un seul interrompt la prescription à l'égard de tous quand l'obligation est *indivisible*.

Maintenant que nous avons étudié à fond les caractères dis-
tinctifs de ces obligations exceptionnelles, nous pouvons
mieux nous prononcer en connaissance de cause.

Les obligations qui nous occupent sont en tout point divi-

---

(1) Zachariæ, t. II, p. 201, n° 36.
(2) Zachariæ, t. II, p. 291, note 35; M. Valette, *Leçon* du 20 janvier
1854.

sibles, sauf que le payement ne s'en peut faire partiellement. L'exécution seule est indivisible : le payement ne pourra pas être partiel; mais toutes les autres conséquences de la divisibilité restent applicables et doivent être appliquées.

Chaque héritier dès lors n'est pas réellement obligé à toute la dette, et s'il peut être poursuivi pour l'exécution entière, c'est à raison des avances qu'il est tenu de faire pour ses cohéritiers. Mais il n'y a pas là indivisibilité proprement dite : les conséquences de l'indivisibilité ne doivent donc pas s'appliquer. Aussi croyons-nous que la prescription interrompue contre l'un des héritiers ne l'est pas contre les autres.

La poursuite contre une caution n'interrompt pas la prescription contre le débiteur principal, parce que la caution n'est tenue qu'accessoirement : à plus forte raison en doit-il être de même ici, que l'héritier, au delà de sa part, n'est réellement pas tenu de l'obligation (1).

De même encore nous n'appliquerions pas à ces sortes d'obligations le principe de l'art. 710. — *In individuis minor relevat majorem.*

Ces décisions sont des conséquences rigoureuses et nécessaires du principe de la divisibilité qui doit être suivi partout où il n'y est pas fait exception.

§ II. — DU CÔTÉ DES CRÉANCIERS.

221. Tous les cas d'exception au principe de la divisibilité des dettes énumérés à l'art. 1221 se rapportent aux héritiers du débiteur seulement. Le code ne mentionne aucune dérogation au principe de la divisibilité entre les héritiers du créancier. Malgré ce silence, nous n'hésitons pas à penser que pareille exception peut également être établie du côté des créanciers.

---

(1) M. Valette, *Leçon du 20 janvier 1854*; M. Duvergier, *Leçon du 20 juin 1852.*

Dumoulin, il est vrai, l'a nié (1) ; mais nous ne voyons pas sur quel fondement. L'art. 1221, par exemple, dit que la divisibilité souffre exception quand l'un des héritiers est chargé seul par le titre de l'exécution de l'obligation, c'est-à-dire qu'il y a alors exception à la divisibilité du côté du débiteur. Or nous ne comprenons pas pourquoi l'un des héritiers ne pourrait pas être chargé par le titre de réclamer l'exécution de l'entière obligation, sauf à en communiquer ensuite le bénéfice à ses cohéritiers. Nous n'apercevons dans cette clause rien de contraire à la loi ni à l'ordre public ; car ce droit conféré d'avance à l'un des héritiers peut l'être dans l'intérêt de tous et ne ressemble dès lors en rien à un avantage soumis aux règles des donations. Ce serait donc alors une exception à la divisibilité du côté du créancier seulement (2).

222. Il est vrai cependant que pareille exception du côté du créancier seulement, est chose fort rare, parce que les hommes, dans les contrats, songent d'ordinaire beaucoup plus à leur propre avantage qu'à l'avantage de leurs héritiers. Aussi, quand il y a exception à la divisibilité des dettes, il arrive presque toujours que c'est du côté du débiteur.

Toutefois, l'art. 1939 paraît nous offrir un exemple d'exception aux règles de la divisibilité du côté des créanciers (3).

223. Le dépôt doit en général être rendu à la personne qui l'a fait. Dans le cas où elle est morte, l'article 1939 indique à qui doit se faire la restitution : « En cas de mort naturelle ou civile de la personne qui a fait le dépôt, la chose déposée ne peut être rendue qu'à son héritier. S'il y a plusieurs héritiers, elle doit être rendue à chacun d'eux pour leur part et portion. — Si la chose déposée est indivisible, les héritiers doivent s'accorder entre eux pour la recevoir. »

Mais de quelle indivisibilité entend parler cette dernière

---

(1) 3ᵉ pars, nᵒ 18.
(2) Rodière, nᵒ 381.
(3) M. Valette, *Leçon du 20 janvier 1854.*

disposition? Est-ce d'une indivisibilité absolue ou simplement d'une indivisibilité matérielle? Tous les auteurs reconnaissent qu'il s'agit simplement ici d'une indivisibilité matérielle, en d'autres termes du cas où le dépôt consiste en un corps certain qui ne saurait se diviser sans destruction ou sans une dépréciation notable.

Lorsque la chose donnée en dépôt, disait Pothier, *n'est pas susceptible de parties réelles*, elle ne peut être rendue à l'un des héritiers que du consentement des autres (1).

Le caractère de l'obligation ne change pas et elle reste divisible, si d'ailleurs l'objet du dépôt est susceptible de division; mais comme le fractionnement de cet objet n'est pas possible dans l'espèce, et qu'il n'y a pas moyen de le restituer à tous successivement dans son entier; l'art. 1939 prescrit une précaution particulière pour assurer à chacun des héritiers sa part de l'objet déposé. En ce seul point, il y a exception aux règles de la divisibilité, qui à tous autres égards devront s'appliquer ici.

224. Nous croyons aussi qu'il y a des cas, où dans le silence de la convention, pareille exception relative aux créanciers devrait se présumer, et résulterait de la seule intention des parties.

Si, par exemple, dans une obligation générique ou alternative au choix du débiteur (2), le créancier vient à mourir, le débiteur ne nous semblerait pas pouvoir payer à l'un des héritiers partie d'une chose, et à l'autre partie d'une autre chose. Un pareil fractionnement serait souvent tout à fait contraire à l'intention des parties contractantes, et il est de principe général, que les conventions doivent toujours être exécutées conformément à cette intention (3).

---

(1) Pothier, *Traité du dépôt*, n° 52.
(2) L. 26. 14, *De cond. ind.*
(3) M. Duverger, *Leçon* du 20 juin 1852.

CONCLUSION.

---

225. Ici s'arrête notre travail. Nous venons d'exposer la théorie de la divisibilité et de l'indivisibilité des obligations, successivement en droit romain et en droit français. Nous avons d'abord essayé de restituer au droit romain son véritable sens : puis nous avons vu comment il se modifia sous l'influence des interprètes, pour passer dans notre droit français. Nous avons pu comparer entre elles les deux législations, et nous rendre ainsi mieux compte de l'état actuel du droit.

226. Malgré l'aridité apparente du sujet, nous nous y sommes attaché de tout cœur, et nous avons cherché à le creuser. Dans l'examen des questions difficiles qu'il présente, il nous est certainement arrivé de commettre des erreurs, et l'expérience a dû nous manquer souvent ; mais nous croyons pouvoir dire que ni l'étude, ni les recherches patientes ne nous ont fait défaut. Puisse donc le courage que nous avons eu d'aborder une matière généralement redoutée, nous mériter l'indulgence de ceux qui sont appelés à être nos juges!

TABLE DES MATIÈRES.

		Pag.
CHAPITRE PRÉLIMINAIRE.		1
§ I. — Exposition historique du sujet.		2
§ II. — Notion de la divisibilité et de l'indivisibilité.		8

PREMIÈRE PARTIE. — DROIT ROMAIN.

CHAP. I. — Observations générales.		11
CHAP. II. — Obligations divisibles.		17
CHAP. III. — Obligations indivisibles.		27
CHAP. IV.		40
§ I. — Des dommages-intérêts.		40
§ II. — De la clause pénale.		46
CHAP. V. — Obligations génériques et alternatives.		56
CHAP. VI. — Résumé de la doctrine romaine.		66
CHAP. VII. — Décisions particulières aux obligations *bonæ fidei*.		67

DEUXIÈME PARTIE. — DROIT FRANÇAIS.

CHAP. I. — Des différentes espèces d'indivisibilités.		70
§ I. — Indivisibilité *natura*.		71
§ II. — Indivisibilité *obligatione*.		74
§ III. — Indivisibilité *solutione*.		78
§ IV. — Critique de la précédente classification.		85
CHAP. II. — Des effets de l'indivisibilité.		87
CHAP. III. — Des effets de la divisibilité.		106
CHAP. IV. — Des exceptions aux règles de la divisibilité.		120
§ I. — Du côté des débiteurs.		120
§ II. — Du côté des créanciers.		142
CONCLUSION.		145

PROPOSITIONS

SUR LA DIVISIBILITÉ ET L'INDIVISIBILITÉ DES OBLIGATIONS.

DROIT ROMAIN.

1. Le principe général de la divisibilité s'applique aussi bien aux obligations de faire ou de ne pas faire qu'à celles de donner.

2. L'héritier du débiteur qui a presté le tout dans une obligation indivisible, a son recours contre ses cohéritiers par l'action *familiæ erciscundæ.*

3. Celui des héritiers du stipulant, qui par son refus de concours empêche l'exécution d'une obligation indivisible, est tenu des dommages-intérêts envers les autres.

4. Dans les obligations indivisibles, chaque héritier du débiteur est tenu *in solidum* de tous dommages-intérêts, et chaque héritier du créancier peut agir *in solidum* pour tout le dommage qu'il éprouve.

5. Dans les obligations divisibles, la peine n'est généralement encourue que par le seul contrevenant et pour sa part seulement.

6. La loi 85. 7, se lie aux dispositions précédentes, où la

clause pénale est considérée comme une obligation conditionnelle.

7. Dans les obligations génériques ou alternatives, la répétition de l'objet partiellement presté par le débiteur n'est possible, que s'il paye un autre objet entier.

8. En général, on peut dire que depuis le rescrit d'Adrien, la position des cautions par rapport à la divisibilité et à l'indivisibilité des obligations, se trouvait assimilée à celle des héritiers du débiteur.

DROIT FRANÇAIS.

1. L'indivisibilité de l'art. 1218 diffère des exceptions à la divisibilité comprises dans l'art. 1221, tant par son principe que par ses effets.

2. Si la remise faite par l'un des créanciers de l'obligation indivisible ne procure aux autres aucun bénéfice réel, ils n'ont aucun compte à tenir au débiteur.

3. La disposition de l'art. 1225 n'a pas pour but de faire statuer sur un simple recours en garantie, mais bien de faire distribuer la condamnation entre les différents débiteurs.

4. L'obligation unique dans le principe qui vient à être divisée devra cependant s'exécuter indivisément si les différentes parts se trouvent de nouveau réunies sur une seule et même tête.

5. Les créances ne se divisent pas de plein droit entre les héritiers, et dès lors le principe de l'art. 883 ne leur est pas applicable.

6. La seconde disposition de l'art. 1232 s'applique à tous les cas où, par suite de l'intention des parties, le payement se doit faire indivisément.

7. Ce n'est pas à un simple délaissement, mais bien à une obligation de livrer, que se rapporte le deuxième alinéa de l'art. 1221.

8. Un seul héritier du débiteur peut fort bien être chargé par la convention de l'exécution entière de la dette, sauf son recours contre ses cohéritiers.

9. C'est par suite de la nature de l'engagement qu'il y a indivisibilité du payement dans les obligations génériques ou alternatives.

10. La demande contre un seul héritier du débiteur n'interrompt pas la prescription contre les autres dans les obligations exceptionnelles de l'art. 1221.

11. L'art. 1225 ne s'applique pas aux cas où l'indivisibilité du payement provient uniquement de l'intention expresse ou tacite des parties contractantes.

12. Il peut y avoir exception à la divisibilité du payement du côté des créanciers comme du côté des débiteurs.

PROPOSITIONS

SUR LE DROIT CRIMINEL ET ADMINISTRATIF.

DROIT CRIMINEL.

1. La connexité ne rend pas la jonction des causes obligatoires, à peine de nullité, pour les tribunaux.

2. Les règles de la connexité sont applicables aux contraventions.

3. La cassation prononcée dans l'intérêt de la loi sur le pourvoi du procureur général, ne peut pas profiter au condamné.

DROIT ADMINISTRATIF.

1. Le tribunal auquel un arrêté de conflit est communiqué, est tenu de surseoir à toutes fins judiciaires sans procéder à aucun examen de l'arrêté préfectoral.

2. Le conflit peut être élevé devant un tribunal de simple police.

Vu, le Président de la thèse,
MACHELARD.

Vu par le Doyen,
C.-A. PELLAT.

Permis d'imprimer :
Le Recteur de l'Académie de la Seine,
CAYX.

Paris. — Imprimé par E. Thunot et C°, 26, rue Racine.

www.ingramcontent.com/pod-product-compliance
Ingram Content Group UK Ltd.
Pitfield, Milton Keynes, MK11 3LW, UK
UKHW020837120726
13693UKWH00002B/702